Der große Ravensburger

NATUR-FÜHRER

CATHERINE BRERETON
KATE McLELLAND

Ravensburger

Inhalt

NATUR IST ÜBERALL!

Die Natur ist immer und überall da, zu jeder Tageszeit und das ganze Jahr über.

Du findest sie im Garten, am Straßenrand, im Park oder bei einem Waldspaziergang, am Fluss oder am Strand. Es ist vergleichsweise leicht, die fleißigen Bienen zu beobachten, die auf der Wildwiese umher summen. Manchmal aber musst du sehr viel Geduld aufbringen, um etwa einen Dachs zu Gesicht zu bekommen.

Dieses Buch will dir helfen, viele der in deiner Nähe lebenden Tiere, Bäume und Blumen zu erkennen und alles über sie zu erfahren. Es gibt so viel zu entdecken!

Was ist eigentlich die Natur?

Zur Natur gehören alle Lebewesen in freier Wildbahn: Tiere – große Säugetiere wie Dachse und Füchse oder Kleintiere wie Spinnen und Marienkäfer; Pflanzen – von den höchsten Bäumen bis zu den kleinen Blumen oder Farnen; und Pilze, die weder Tiere noch Pflanzen sind. Tiere leben an Land, am Himmel und im Wasser. Nicht zur Natur zählen: Haustiere, Nutztiere, Tiere in Zoos oder Gartenpflanzen – und wir Menschen!

Natur ist überall anders

An jedem bestimmten Fleckchen herrschen ganz bestimmte, einzigartige Bedingungen. Die Tiere und Pflanzen, die dort zusammenleben, gibt es in dieser speziellen Mischung nirgendwo sonst.
Die unterschiedlichen Lebewesen, die es in der Natur gibt, hängen alle voneinander ab. In einem einzigen Baum, der irgendwo im Wald wächst, können Hunderte von verschiedenen Insekten zu Hause sein!

Einige Regeln für Naturbeobachter

- *Wenn du die Natur beobachtest, verhalte dich ruhig und respektvoll. Versuche dabei möglichst still zu sein.*
- *Du kannst vorsichtig kleine Tiere wie Insekten aus der Nähe betrachten, aber verhalte dich so, dass keine Tiere erschreckt und verletzt oder Pflanzen beschädigt werden.*
- *Viel Spaß beim Beobachten, Hören, Fotografieren, Zeichnen oder Notizenmachen!*

Frage immer deine Eltern, bevor du losziehst, um Pflanzen und Tiere zu beobachten. Sag ihnen auch immer, wohin du gehst.

LEBENSRÄUME

Lebensräume sind der Ort, an dem ein Tier oder eine Pflanze lebt. In einem guten Habitat findet ein Tier genug zu essen und einen Platz, wo es ungestört wohnen oder Junge bekommen kann. Für eine Pflanze wird ihr perfektes Habitat den richtigen Boden haben, die richtige Menge an Licht, Schatten oder Wasser. Manche Tiere und Pflanzen fühlen sich in vielen Habitaten wohl, andere wieder nur in ganz bestimmten.

Gärten und Parks

Gärten und Parks sind gute Orte für wild lebende Tiere und Pflanzen. Bäume, Büsche und Blumen geben allen möglichen Arten von Insekten und Kleintieren ein Zuhause. Hier kannst du Eichhörnchen, Frösche und Igel entdecken.

Finde heraus, wie du deinen Garten wildtierfreundlich gestaltest (auf Seite 228f.).

Städte, Dörfer – und Häuser!

Selbst mitten in der Stadt gibt es Wildblumen, jede Menge Kleintiere und sogar größere Tiere wie Füchse. Bei dir zu Hause kannst du Spinnen, Fliegen und manchmal sogar Mäuse oder überwinternde Schmetterlinge sehen.

Wälder

Wälder gehören zu den vielfältigsten Habitaten. Ein einziger Baum kann Tausende von Insekten beherbergen und lässt Samen wachsen, von denen viele kleine Tiere leben können. Ein Wald beherbergt unterschiedlichste Blumen- und Pilzarten.

Felder, Hecken und Gebüsch

Felder sind großartige Lebensräume für Tiere, besonders für kleine Säugetiere wie Feld- und Wühlmäuse. An den Feldrändern wachsen Wildblumen, zwischen denen viele Käfer und Schmetterlinge herumfliegen. Auch in wilden Heckenstreifen, die aus unterschiedlichen Bäumen, Sträuchern und Wildblumen bestehen, wimmelt es nur so von Leben.

Teiche und Flüsse

Hunderte von verschiedenen Insekten, Kleintieren, Fischen, Amphibien und Säugetieren leben in Flüssen und Seen oder in ihrer Nähe. Manche Tiere wie Frösche, Molche und Libellen verbringen einen Teil ihres Lebens im Wasser und einen Teil an Land.

Meere und Küsten

Meer und Küste bieten ganz unterschiedliche Habitate: Klippen, Sanddünen, steinige Felsabschnitte mit Gezeitentümpeln, Sandstrände, Flussmündungen, flache Wattlandschaften und das Meer selbst. Jedes dieser Habitate verändert sich mit Ebbe und Flut zweimal täglich.

Ein Gezeitentümpel ist der perfekte Ort, um Tiere und Pflanzen der Meeresküste zu beobachten. Du findest dort Fische, Krabben, Garnelen, Muscheln und vieles mehr.

DAS GANZE JAHR NATUR ERLEBEN

Die Natur verändert sich mit den Jahreszeiten. Man entdeckt andere Pflanzen und Tiere. Lebewesen, die du jeden Tag siehst, verhalten sich auf einmal ganz anders. Es gibt immer etwas Spannendes zu beobachten!

Im Frühling

- Halte Ausschau nach Bienen, die nach dem Winter wieder zu fliegen beginnen.
- Entdecke im Frühjahr die ersten Jungtiere, wie Babykaninchen oder Babyfuchs.
- Beobachte, wie in Teichen aus Froschlaich Kaulquappen werden und sich nach und nach zu Fröschen entwickeln.
- Sieh zu, wie Tag um Tag immer mehr Blumen aus dem Boden sprießen und an den Bäumen Knospen zu Blättern werden.

Im Sommer

- Zähle, wie viele verschiedene Bienen und Schmetterlinge du entdecken kannst, und halte Ausschau nach Käfern, Libellen und Schwebfliegen.
- Betrachte die vielen bunten Blumen und schnuppere auch mal dran!
- An einem warmen Sommerabend, wenn es langsam dunkel wird, siehst du mit etwas Glück Fledermäuse.
- Erkenne die unterschiedlichen Baumarten an ihren Blättern.

Zu jeder Zeit

Der frühe Morgen ist eine gute Zeit, um viele Tiere zu sehen. Schlangen zum Beispiel sind morgens noch ganz träge, weil sie sich erst aufwärmen müssen. Schmetterlinge und Libellen sind um die wärmere Mittagszeit am aktivsten. Auch viele Blumen öffnen ihre Blütenkelche erst mittags. In der Abenddämmerung kannst du Dachse oder Igel sehen, die nach Futter suchen. Auch Nachtfalter sind jetzt besonders aktiv.

Im Herbst

- Staune über die fantastischen Farben, in denen das herbstliche Laub der Bäume leuchtet.
- Suche an Bäumen und Büschen nach Früchten, Nüssen und Samen.
- Beobachte Eichhörnchen beim Verstecken der gesammelten Eicheln.
- Entdecke die Pilze, die jetzt ihre Fruchtkörper aus dem Boden stemmen.
- Halte Ausschau nach Spinnennetzen, die morgens im Tau glitzern.

Naturforscher

Schreibe all deine Beobachtungen in ein Entdeckertagebuch und bewahre so deine Erinnerungen auf.

Im Winter

- Der Winter ist eine harte Zeit für die Natur. Die Pflanzen bekommen nicht genug Licht, um zu wachsen, und viele Tiere hungern. Einige ziehen sich für den Winterschlaf zurück. Trotzdem gibt es noch genug zu entdecken.
- Suche nach Tierspuren – im Schnee geht das besonders gut.
- Schau nach den Eichhörnchen! Sie sind auch noch im Winter aktiv.
- Werde zum Vogelbeobachter! An einem Vogelhäuschen kommen jetzt besonders viele unterschiedliche Vogelarten zusammen.
- Findest du die Beeren der Stechpalmen und Misteln?

Bei jedem Wetter

Welche Tiere du zu sehen bekommst, hängt auch vom Wetter ab. Wenn es regnet, kommen Schnecken, Frösche und Kröten heraus. Die meisten Schmetterlinge fliegen dagegen nur, wenn die Sonne scheint.

WAS SIND DIE MERKMALE?

Um Tiere und Pflanzen erkennen zu können, musst du auf bestimmte Merkmale achten, die dir zeigen, wen oder was du vor dir hast. Für den Anfang wird es helfen, über die verschiedenen Gruppen, in die Tiere und Pflanzen eingeteilt werden, Bescheid zu wissen. Hier kannst du die wichtigsten kennenlernen.

Säugetiere

Bei den Säugetieren füttert das Muttertier seinen Nachwuchs mit eigener Milch, daher kommt auch der Name. Die meisten Säugetiere sind lebend gebärend. Viele Säugetiere haben außerdem ein Fell oder Haare, vier Beine und einen Schwanz. Auch wir Menschen sind übrigens genau genommen Säugetiere.

Säugetiere sind oft scheu. Du musst dich an sie heranschleichen, um sie zu beobachten.

Amphibien

Amphibien atmen Luft, verbringen aber viel Zeit im oder am Wasser. Aus den abgelegten Eiern werden Larven, die im Wasser leben und durch Kiemen atmen. Ausgewachsene Tiere atmen durch Lungen.

Halte im Frühjahr oder im Sommer in Teichen oder am Ufer nach Amphibien Ausschau. Frösche und Kröten verstecken sich gerne unter Baumstämmen oder Steinen.

Reptilien

Reptilien sind Tiere mit schuppiger Haut. Bei uns gibt es in der freien Natur Sumpfschildkröten, Blindschleichen, Eidechsen, Nattern und Vipern.

Reptilien fallen in Winterstarre und werden erst im Sommer munter. Sie müssen sich von der Sonne aufwärmen lassen, ehe sie genug Energie haben, um sich zu bewegen.

Fische

Fische leben im Wasser, atmen durch Kiemen und haben Flossen statt Beine. Dank ihrer stromlinienförmigen Körper gleiten sie gut durchs Wasser. Ihre Haut ist schuppig.

Fische gibt es in allen Formen und Größen – vom winzigen Stichling bis zum riesigen Hai!

Insekten

Ameisen, Marienkäfer, Bienen, Grashüpfer und Schmetterlinge – alles das sind Insekten. Sie haben einige Merkmale gemeinsam. Ihre Körper bestehen aus drei deutlich abgesetzten Teilen: Kopf, Brust (Thorax) und Hinterleib (Abdomen). Alle haben sie sechs Beine. Viele besitzen zudem Flügel. Sie machen erstaunliche Entwicklungsstadien durch, bei denen die jungen Tiere ganz anders aussehen als die ausgewachsenen.

Spinnen

Eine Spinne besteht aus dem Vorderleib, bei dem der Kopf und die Brust eine Einheit bilden, und dem Hinterleib. Sie hat acht Beine, keine Flügel, giftige Klauen, viele Augen und produziert Spinnfäden. Manche Spinnen benutzen diese Fäden, um Fangnetze zu bauen.

Andere Wirbellose

Wirbellose Tiere haben keine Wirbelsäule. Ihr weicher Körper wird bei manchen Arten durch Panzer oder Schalen geschützt. Insekten und Spinnen gehören auch zu den Wirbellosen, aber es gibt noch viele andere. Wir zeigen dir hier nur einige der Gruppen, die du in der Natur entdecken kannst:

Hundert- und Tausendfüßer bestehen aus vielen Segmenten mit Beinpaaren. Aus der Entfernung sind die Beine kaum auseinanderzuhalten.

Regenwürmer haben einen weichen Körper aus vielen Segmenten, aber keine Beine.

Der weiche Schneckenkörper wird durch eine harte Schale geschützt. Zu ihren Verwandten gehören Miesmuscheln, Napfschnecken und viele andere Seemuscheln, aber auch Nacktschnecken.

Krabben haben Beine mit Gelenken, einen harten Panzer und kräftige Scheren. Hummer, Garnelen und Asseln sind mit ihnen verwandt.

Weichtiere im Meer

Seeanemonen, Seeigel, Korallen, Quallen und Seesterne haben weiche Körper, sind aber sonst sehr verschieden! Manche haben ein Rückgrat und eine harte Schale, andere haben Tentakel, manche können sich fortbewegen, andere nicht.

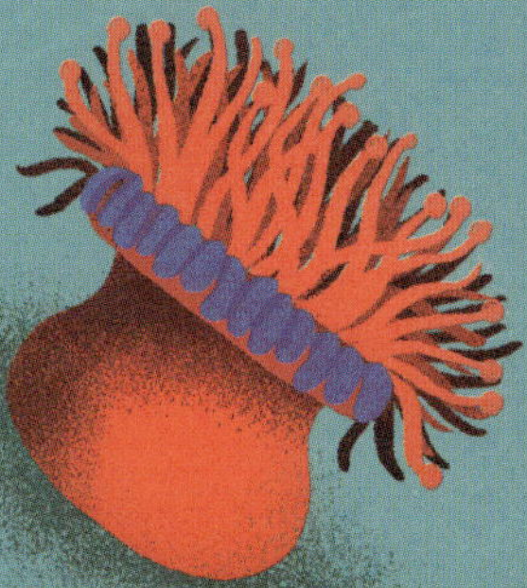

Pflanzen

Pflanzen produzieren ihre eigene Nahrung. Sie benutzen dazu ihre grünen Blätter und das Sonnenlicht. Viele der Pflanzen haben Blüten und bilden Samen. Es gibt einige Merkmale, auf die du achten kannst, um Pflanzen zu bestimmen. Für den Anfang ist es außerdem nützlich, einige der wichtigsten Pflanzengruppen zu kennen.

Bäume

Alle Bäume haben einen dicken, festen Stamm sowie verholzte Zweige und Äste. Manche tragen Blätter, die ihre Farbe im Herbst ändern, ehe sie abfallen. Andere haben dagegen dünne Nadeln.

Blattformen

Blätter sind die Visitenkarte eines Baums. Sie können einfach sein, das heißt, dass jedes Blatt ein ungeteiltes Ganzes ist, sie können aber auch gefiedert oder gefingert sein, was bedeutet, dass mehrere Einzelblätter ein Blatt bilden wie bei der Rosskastanie.

Finde heraus, zu welchen Bäumen diese Blätter gehören (auf den Seiten 88–97).

Wildblumen

Wildblumen kann man das ganze Jahr über finden, aber die meisten zeigen sich zwischen Frühling und Herbst. Es gibt sie in ganz klein, wie das Veilchen oder das Scharbockskraut, oder in ganz groß, wie das Schmalblättrige Weidenröschen.

Pflanzen bilden Blüten aus, um sich zu vermehren. Die Blüten produzieren Pollen, der von einer Pflanze zu einer anderen getragen werden muss. Das geschieht durch Insekten oder durch den Wind.

Grünzeug

Manche Pflanzen blühen nicht, zum Beispiel Farne und Moose. Seetang gehört zur Gruppe der Algen, die mit Pflanzen sehr viel Ähnlichkeit haben.

Pilze

Pilze sind weder Tiere noch Pflanzen. Sie gehören zu einer eigenen Gruppe von Lebewesen. Der größte Teil eines Pilzes befindet sich in der Erde. Der Teil, den du sehen kannst, ist der sogenannte Fruchtkörper. Viele Pilze sind giftig, deshalb solltest du sie gar nicht erst anfassen!

SO GEHTS

Der größte Teil dieses Buchs ist ein Naturführer. Er soll dir dabei helfen, viele Tiere und Pflanzen und einige Pilze aus deiner Umgebung kennenzulernen.

Fakten – ganz kurz

In solchen Kästen findest du kurze und nützliche Informationen über Tier- und Pflanzenarten. Und so funktionierts:

- gibt die Größe an – bei Tieren vom Kopf bis zum Schwanz (erwachsene Tiere). Bei Pflanzen ist es die durchschnittliche Größe einer vollständig ausgewachsenen Pflanze.
- sagt dir, wann du das Tier oder die Pflanze in der Natur entdecken kannst.
- gibt an, ob dieses Tier oder diese Pflanze häufig vorkommen.
- sagt dir, wo dieses Tier lebt oder wo diese Pflanze wächst (ihre Habitate).
- beschreibt die Laute, die das Tier macht.
- gibt an, was ein Tier frisst.

Bilder

Die Bilder zeigen dir Tiere oder Pflanzen mit ihren besonderen Formen, Farben und Mustern. Sie bilden etwa den Unterschied zwischen weiblichen und männlichen Tieren ab, wenn es einen gibt, und manchmal auch die Tierkinder, wenn sie ganz anders aussehen.

Beschreibungen

Du erfährst hier, wie das Tier und die Pflanze aussehen, und bekommst zusätzliche Informationen.

Fuchs

Der Fuchs trägt ein rotbraunes Fell mit einem langen, buschigen Schwanz, der manchmal eine weiße Spitze hat. Er hört und riecht ausgezeichnet. Der Fuchs ist ein Allesfresser und liebt besonders Mäuse. Mit seinen spitzen Eckzähnen kann er die Beute gut festhalten. In der freien Natur jagt er überwiegend nachts, in der Stadt auch am Tag.

Fuchs

Der männliche Fuchs heißt Rüde und die Füchsin Fähe.

Fuchswelpen kommen im Frühjahr zur Welt. Sie verbringen ihre ersten Lebenswochen damit, jeden Winkel um ihren Bau herum zu erforschen. Später kämpfen und toben sie umher.

Fuchs

- 105 cm (davon 40 cm Schwanz)
- häufig
- Waldgebiete auf dem Land, in Städten und Dörfern
- hohes Bellen, verschiedene Schreilaute
- Vögel, Vogeleier, kleine Säugetiere (vor allem Nagetiere), Insekten, Würmer, Lebensmittelreste

Für seinen Bau gräbt ein Fuchs Löcher und Gänge in die Erde.

Fuchswelpen haben blaue Augen, bei erwachsenen Füchsen sind sie gelbbraun.

Dachs

Der Dachs hat ein graues Fell mit einer schwarzweißen Streifzeichnung auf dem schlanken Kopf. Er ist groß, hat kurze Beine und lange Krallen, mit denen er sehr gut graben kann. Die scheuen Dachse sind nachtaktiv. Dachsfamilien leben unter der Erde. Ein Dachsbau besteht aus vielen verzweigten Tunneln und Schlafräumen. Das Lieblingsessen eines Dachses sind Regenwürmer.

Dachse spüren Regenwürmer mit Hilfe ihres Geruchssinns auf, der 800-mal besser ist als der eines Menschen.

Dachs

- 90 cm
- Wälder
- verschiedene Laute, darunter Knurren, Grunzen, Schnurren, Bellen und Quieken
- Würmer, Insekten, Samen, Früchte, Vogeleier, Aas (tote Tiere)

Der männliche Dachs heißt Dachsbär, der weibliche Dachs Dachsfähe.

Man nennt ihn auch Meister Grimbart.

Dachs

Dachse sind ständig damit beschäftigt, ihre Schlafkammern zu vergrößern, neue Tunnel und Eingänge zu graben, und sie machen sogar Frühjahrsputz.

Dachse beobachtet man am besten in der Abenddämmerung aus der Richtung, in die der Wind vom Dachsbau weht. Nimm zu diesem Abenteuer einen Erwachsenen mit!

Rothirsch

Der Rothirsch hat ein prächtiges rotbraunes Fell. Die männlichen Hirsche tragen Geweihe. Die weiblichen Hirsche, die Hirschkühe, sind kleiner und geweihlos. Hirsche leben in Wäldern, Heidelandschaften und in den Bergen. Sie sind fürs Laufen und Springen wie gemacht. Im Herbst röhren die männlichen Hirsche, um ihre Stärke zu zeigen. Sie kämpfen miteinander und benutzen dabei ihre Geweihe.

Rothirsch

- bis zu 230 cm
- häufig
- Wälder, Hochebenen, Berge
- lautes Brüllen und Röhren
- Gras, Heidekraut, Flechten

Rothirsch

Das Hirschgeweih wird jährlich abgeworfen und wächst dann nach. Wenn es noch neu ist, ist es mit einer samtigen Haut bedeckt, dem Bast, der bald an Bäumen abgescheuert wird.

Damhirsch

Der Damhirsch ist kleiner als der Rothirsch und sein Geweih fällt flacher aus. Das Fell ist hellbraun mit weißen Flecken. Der ursprünglich aus Asien stammende Damhirsch hat einen langen schwarzweißen Schwanz und ein weißes Hinterteil mit schwarzem Streifenmuster.

Damhirsch

- 130 – 180 cm
- häufig
- Wälder, Parks
- lautes Bellen (bei Männchen)
- Gras, Baumtriebe, Rinde

Da die Augen seitlich am Kopf sitzen, haben Damhirsche fast einen kompletten Rundumblick.

Reh

Das Reh hat ein rotbraunes Fell, einen weißen Kinnfleck, eine schwarze Nase, große haarige Ohren und einen weißen Fleck auf dem Hinterteil. Rehe sind frühmorgens und in der Abenddämmerung am aktivsten. Tagsüber verstecken sie sich zwischen Bäumen, stehts auf der Hut vor Gefahr.

Reh

- 90–130 cm
- häufig
- Wälder, Wiesen, Felder
- bellende Laute, wenn es beunruhigt ist
- Baumtriebe, Blätter, Sträucher, Dornengestrüpp

Männliche Rehe heißen Böcke, weibliche werden Rehgeißen genannt.

Kaninchen

Das Kaninchen ist für seine langen Ohren, die langen Beine und seine großen Sprünge bekannt. Es hat ein graubraunes Fell und große Augen, die seitlich am Kopf sitzen. Ein Kaninchen ist immer auf der Hut. Wenn es Gefahr sieht, stampft es mit seinen Hinterbeinen auf den Boden, um die anderen Kaninchen zu warnen, oder es hüpft schnell weg und lässt den weißen Fleck auf seinem Hinterteil als Warnzeichen aufblitzen.

Kaninchen

- 40 cm
- häufig
- Wälder, Felder, Sanddünen, Straßenränder, große Gärten
- meistens lautlos; quiekt, wenn es in Not ist
- Gras, Gemüse und Getreide, grüne Blätter

Ein Kaninchen isst seine eigenen Köttel! Es kann das Gras erst im zweiten Anlauf richtig verdauen.

Feldhase

Der Hase ist größer als ein Kaninchen, hat längere Beine und Ohren sowie schwarze Flecken an den Ohrenspitzen. Er kann sehr gut sehen, hören und richtig schnell laufen. Oft sieht man, wie er sich in einem Feld steif aufsetzt und plötzlich wegsprintet, wenn er sich gestört fühlt.

Feldhase

- 50–60 cm
- offenes Weideland, Felder
- meistens leise Grunzlaute; schriller Schrei, wenn er sich verletzt
- Gras, andere Pflanzen

In der Paarungszeit liefern sich die Hasen wilde Verfolgungsjagden und tragen Boxkämpfe aus.

Feldhasen sind meist Einzelgänger und suchen die Gesellschaft anderer Hasen nur zur Paarungszeit im Frühjahr.

Junghasen sind Nestflüchter, verlassen also schon früh ihr Nest.

Feldhase

Igel

Der Igel hat eine spitze Schnauze, kleine schwarze Augen und sein Körper ist von Stacheln bedeckt. Er benutzt sie zur Verteidigung und rollt sich zu einer Kugel zusammen, wenn Gefahr droht. Igel sind scheu und kommen erst nachts raus, um Schnecken, Würmer und Insekten zu jagen.

Igel

- bis 30 cm
- Wälder und Felder, Parks, Gärten
- lautes Schnauben und Prusten
- Schnecken, Würmer, Raupen, Käfer

Die Stacheln sind eine besondere Art von Haaren. Ein Igel hat bis zu 8 000 davon.

Gärten sind wichtige Habitate für Igel.

Igel

Maulwurf

Der Maulwurf ist ein kompaktes Tier mit schwarzem Fell, winzigen Augen und einer langen rosa Schnauze. Er hat große, starke Vorderpfoten und Klauen, mit denen er Tunnel gräbt. Der Maulwurf verbringt fast sein ganzes Leben unter der Erde.

Maulwurf

- 12 cm
- häufig
- Gartenland, Wiesen, Wälder
- lautes Quietschen
- Würmer

Maulwurf

Einen Maulwurf sieht man kaum, aber Maulwurfshügel kannst du bestimmt entdecken.

Ihr samtweiches Fell macht es möglich, dass Maulwürfe mit Leichtigkeit vorwärts und rückwärts durch ihre Gänge laufen können.

Fischotter

- bis 130 cm
- Flüsse, Seen, Meeresküste
- hohe Schreilaute
- Fische

Die Ohren, Augen und Nasenlöcher schauen aus dem Wasser heraus, wenn der Otter schwimmt.

Fischotter

Der Otter hat einen flachen Kopf, einen langen braunen Körper, einen langen Schwanz und Schwimmhäute zwischen den Klauen. Sein dichtes, öliges Fell ist warm und wasserdicht. Er kann 400 m am Stück unter Wasser schwimmen.

In den letzten Jahren breitet sich der einst stark gefährdete Fischotter bei uns wieder langsam aus.

Eichhörnchen

Das rotbraune Eichhörnchen ist ein kleiner Akrobat mit Pinselohren und einem großen buschigen Schwanz. Es lebt in Waldgebieten, aber auch in der Stadt, und fühlt sich in Baumkronen wohl. Auf der Suche nach Nüssen und Samen hüpft es unermüdlich von Ast zu Ast.

Eichhörnchen

- 18–24 cm plus 17–18 cm Schwanz
- Wälder und Parks
- hauptsächlich leise Warnrufe
- Kiefernsamen, Knospen, Triebe, Pollen, Nüsse, Eicheln

Der Schwanz hilft dem Eichhörnchen zu balancieren und im Winter wärmt er.

Im Herbst sammeln Eichhörnchen emsig Vorräte für den Winter. Außerdem essen sie, so viel sie können, um Fett für die kalten Wintermonate anzusetzen.

Eichhörnchen

Eichhörnchen benutzen ihre kräftigen, scharfen Krallen, um an der Baumrinde Halt zu finden, wenn sie kopfüber den Stamm runterlaufen. Sie schaffen es sogar, sich nur mit einer Pfote festzuhalten.

Grauhörnchen

Wo Grauhörnchen eingeschleppt wurden, etwa in Großbritannien oder Norditalien, haben sie die heimischen Eichhörnchen weitgehend verdrängt. Sie sind größer und verbreiten eine Krankheit, die ihnen selbst nicht schadet, wohl aber den Eichhörnchen. Forscher fürchten, dass die wanderlustigen Nager bald auch bei uns auftauchen.

Grauhörnchen

- 24–28,5 cm plus 19–24 cm Schwanz
- Großbritannien und Norditalien
- Wälder, Parks, Gärten
- Plapperlaute zur Abschreckung von Eindringlingen
- Nüsse, Eicheln, Samen, Pilze, Baumrinde, Blätter, Triebe, Knospen, Blüten

Grauhörnchen wurden im 19. Jahrhundert von Menschen aus Nordamerika nach Großbritannien gebracht. Im 20. Jahrhundert wurden auch welche in Norditalien ausgesetzt.

In naher Zukunft wird sich die Frage stellen, wie wir mit diesen Neubürgern umgehen, wenn sie zu uns wandern.

Grauhörnchen

Waldmaus

Die Waldmaus hat ein gelbbraunes Fell, große Augen und Ohren und einen langen Schwanz. Sie lebt in Wäldern und auf Feldern, kann Bäume hochklettern und auf ihren Hinterpfoten hüpfen. Nachts sucht sie nach Eicheln, Beeren, Knospen und Insekten.

Erdmaus

Die graubraune Erdmaus hat eine stumpfe Schnauze, kurze Ohren und einen kurzen Schwanz. Sie kommt häufig vor, ist aber nicht leicht zu entdecken. Erdmäuse sind die Lieblingsspeise von Falken, Wieseln und Schleiereulen.

Rötelmaus

Die Rötelmaus ist dicker als eine Waldmaus, rötlicher als eine Erdmaus und hat einen längeren Schwanz. Sie lebt in Wäldern und im Gestrüpp und versucht sich vor Eulen und Füchsen im hohen Gras oder in Erdtunneln zu verstecken.

Waldspitzmaus

Die Waldspitzmaus ist ein kleiner brauner Nager mit einer langen, spitzen Nase, kleinen Augen und stoppeligen Schnurrhaaren. Sie frisst Insekten, Würmer und andere Kleintiere, und zwar alle drei bis vier Stunden.

Schermaus

Die Schermaus ist eine pummelige braune Maus mit einem runden Gesicht, kleinen Ohren und einem haarigen Schwanz. Sie paddelt auf Hundeart durchs Wasser, frisst Gras und andere Pflanzen und wohnt in selbst gegrabenen Tunneln am Flussufer.

Wanderratte

Die Wanderratte oder Hausratte hat große Ohren, eine spitze Schnauze, lange Schnurrhaare und einen langen, schuppigen Schwanz. Mit ihren bis zu 27 cm ist sie viel größer als eine Maus. Sie lebt in Bauen, unter Häusern und sogar in Abwasserkanälen.

Hausmaus

Die Hausmaus hat ein graubraunes Fell, große Knopfaugen, einen spitzen Kopf und einen langen Schwanz. Ihre Lieblingsspeise sind Körner und Samen, aber sie ist sonst nicht besonders wählerisch. Sie ist kleiner und grauer als die Waldmaus.

Wasserspitzmaus

Die Wasserspitzmaus ist schwarz mit heller gefärbtem Bauch und Kehle und hat eine lange, spitze Nase. Sie ist eine ausgezeichnete Schwimmerin und Taucherin und isst gerne Insekten und Würmer, kleine Fische, Kaulquappen und Frösche.

Hermelin

Das Hermelin ist ein flinkes und geschicktes Raubtier. Es hat einen langen Körper. Sein Fell ist auf der Oberseite braun und auf der Unterseite cremeweiß. Sein langer, pelziger Schwanz hat eine schwarze Spitze. Es ist sowohl am Tag als auch in der Nacht aktiv. Hermeline verfolgen ihre Beute über deren Geruch.

In kälteren Gegenden bekommen Hermeline im Winter ein weißes Fell, mit dem sie sich im Schnee besser verstecken können. Nur die Schwanzspitze bleibt dann noch schwarz.

Hermelin

- 30–40 cm
- häufig
- Ackerland, Wälder, Sanddünen
- in der Regel lautlos; jault, kreischt und faucht, wenn es Angst hat
- Kaninchen, kleine Säugetiere, Vögel

Mauswiesel

Das Mauswiesel ähnelt dem Hermelin, ist aber viel kleiner. Sein Schwanz ist kürzer und hat keine schwarze Spitze. Das Mauswiesel ist ein ausgezeichneter Jäger, der sich vor allem auf seinen Geruchssinn verlässt, und ein geübter Kletterer und Läufer. Mäuse aller Art sind sein Lieblingsessen.

Beim Laufen krümmt das Mauswiesel seinen Rücken und läuft hüpfend.

Mauswiesel

Mauswiesel

- 20–27 cm
- häufig
- Wiesen, hügelige Heidelandschaft, Ackerland, Wälder
- faucht, bellt und schreit, wenn es sich aufregt
- Mäuse aller Art

Iltis

Der Iltis ist ein seltener und scheuer Verwandter der Hermeline und Wiesel. Die Fellzeichnung in seinem Gesicht sieht aus wie eine Räubermaske. Er ist ein ausdauernder Jäger, der Kaninchen in ihren Gängen jagen kann.

Baummarder

Der Baummarder ist fast vollständig dunkelbraun, nur sein Latz ist cremeweiß. Er ist ungefähr so groß wie eine Katze und ein geschickter Klettermaxe. Er ist so flink, dass er sogar Eichhörnchen in den Baumwipfeln fangen kann.

Die Zwergfledermaus ist ein ausgezeichneter Jäger und fängt in nur einer Nacht bis zu 3000 Fliegen und Mücken.

Zwergfledermaus

Fledermäuse sind die einzigen Säugetiere, die fliegen können. Sie kommen nachts aus ihren Verstecken und finden sich im Dunkeln zurecht, indem sie für uns unhörbare, sehr hohe Laute von sich geben und gleichzeitig hören, wie der Ton zurückkommt. Das nennt man Echoortung. Die Zwergfledermaus ist die Fledermausart, die du am ehesten zu sehen bekommst. Halte nach ihr an Sommerabenden Ausschau, wenn es gerade dunkel wird.

Zwergfledermaus

- 3,5–4,5 cm (Flügelspannweite 20 cm)
- Ackerland, Wälder, Städte, Gärten, Hügellandschaften
- sehr hohe Zwitscher- und Klicklaute
- Mücken, andere kleine Insekten

Braunes Langohr

Braunes Langohr

- 📏 3,7–5,2 cm
- 🏠 Wälder, Ackerland, Städte, Gärten
- 🔊 sehr leise Schreilaute
- 🍃 Insekten

Braunes Langohr

Diese Fledermaus hat große Ohren, die fast so lang sind wie ihr Körper. Sie fliegt sehr langsam und benutzt zur Jagd nicht nur ihr Gehör, sondern auch die Augen. Anders als die meisten Fledermäuse, die nur fliegende Insekten fangen, frisst sie auch Spinnen, Falter oder Käfer, die ruhig auf ihren Blättern sitzen.

Kleine Hufeisennase

Diese kleine Fledermaus hat eine ungewöhnliche Nase. Die Haut um ihre Nasenlöcher hat die Form eines Hufeisens. Damit kontrolliert sie die Richtung der von ihr ausgestoßenen Laute, was ihr beim Fliegen und Jagen hilft.

Kegelrobbe

Die Kegelrobbe ist ein großes Tier mit fleckigem, braungrauem Fell und einem breiten, flachen Kopf. Sie verbringt den größten Teil ihres Lebens im Wasser und hat einen stromlinienförmigen Körper, mit dem sie hervorragend schwimmen und bis zu 10 Kilo Fische pro Tag erwischen kann.

Kegelrobbe

- bis zu 200 cm
- Felsen und Strände an der Meeresküste, so abgelegen wie möglich
- schnauben, grunzen, pfeifen
- Fische

Seehund

Der Seehund ist kleiner als die Kegelrobbe, sein Kopf ist runder und hat Ähnlichkeit mit einem Hundekopf. Seehunde können grau oder sandbraun sein und haben dunkle Tupfen auf dem Fell. Auf der Jagd nach Fischen tauchen sie bis zum Meeresboden hinunter.

Seehund

- bis zu 150 cm
- Felsen und Strände entlang der Küste
- traurig klingende Singlaute
- Fische, Tintenfische, Krabben

Seehunde bewegen sich an Land, indem sie unbeholfen auf ihren Flossen vorwärts hoppeln.

Seehund

Sieh dir die Nasenlöcher der beiden Robbenarten an: Beim Seehund bilden sie ein V, bei der Kegelrobbe erinnern sie eher an die Zahl 11.

Grasfrosch

Der Grasfrosch ist grünbraun und hat lange, starke Hinterbeine, mit denen er wie ein Weltmeister springen, hüpfen und schwimmen kann. Mit seiner klebrigen Zunge fängt er Insekten, Schnecken und Würmer. Wie alle Amphibien liebt es der Frosch, immer schön feucht zu sein. Deshalb sitzt er im nassen Gras oder in Tümpeln herum. Achte auf zwei große Augen, die aus dem Wasser herausschauen.

Grasfrosch

- bis zu 9 cm
- häufig
- Gartenteiche, Seen, Feuchtmoore
- meistens ist er lautlos, an Frühlingsabenden dumpf knurrende Geräusche
- Insekten, Würmer, Schnecken

Frösche haben eine glatte und glitschige Haut.

Sie haben Schwimmhäute an ihren Füßen.

Junge Kaulquappen ernähren sich von Wasserpflanzen. Sobald sie etwas älter sind, fressen sie nahezu alles, auch andere Kaulquappen.

Nach der Paarung verlassen die Frösche den Tümpel und verbringen den Rest des Sommers damit, so viel wie möglich zu fressen

Frösche und Kaulquappen

Nach der Paarung im Frühjahr legt das Froschweibchen einen großen Klumpen mit befruchteten Eiern, den Laich, in einem Teich ab. Aus diesen Eiern schlüpfen winzige Lebewesen mit Schwänzen, die Kaulquappen. Sie wachsen heran, die Schwänze verschwinden und sie bekommen Beine, bis schließlich der Frosch ausgewachsen ist.

Erdkröte

Die Haut der Erdkröte ist mit Warzen bedeckt. Mit ihren starken Hinterbeinen kann sie sehr gut schwimmen. An Land kriecht oder läuft sie lieber, statt zu springen. Eine Kröte verbringt den Tag unter einem Baumstamm oder einem Stein versteckt und geht nachts auf die Jagd.

Erdkröte

- 8–13 cm
- Wiesen, Moorlandschaften, Teiche, Flüsse, Seen, Ackerland, Wälder
- quakt (die männliche Kröte)
- Ameisen, Käfer, Würmer, Nacktschnecken

Die meisten Raubtiere meiden Kröten, weil ihre Haut ein schwaches, aber übel schmeckendes Gift absondert.

Teichmolch

Molche haben lange Körper und Schwänze. Sie sind gute Schwimmer und verbringen die meiste Zeit dort, wo es schön feucht ist. Der Teichmolch ist bräunlichgrün, hat schwarze Streifen auf seinem Kopf und schwarze Punkte am ganzen Körper. Im Frühjahr wächst dem Männchen ein beeindruckender Kamm aus dem Rücken.

Molche stehen unter Naturschutz und sollten nicht gestört werden.

Teichmolch

- 7–11 cm
- Teiche, Flüsse, Wälder, Hecken, Feuchtgebiete
- macht keine Laute
- im Wasser Kaulquappen, Krebse, Mollusken; an Land Insekten, Raupen, Würmer, Nacktschnecken

Teichmolch

Kammmolch

Der Kammmolch ist ein sehr großer, dunkel gefärbter Molch mit einem hohen, gezackten Rückenkamm. Er hat weiße Flecken an seinen Flanken und einen orangen, schwarzgefleckten Bauch.

Kammmolch

- bis 16 cm
- Teiche, lichte Wälder, Hecken, Feuchtgebiete
- macht keine Laute
- im Wasser Kaulquappen, Krebse, Mollusken; an Land Insekten, Raupen, Würmer, Nacktschnecken

Kammmolch

Kreuzotter

Die Kreuzotter ist eine dicke braune Schlange mit einem auffallenden Zickzackmuster. Sie lebt in der Heide und auf Wiesen. Schau mal, ob du sie bei einem ihrer Sonnenbäder beobachten kannst. Wie alle Reptilien hat sie eine trockene, geschuppte Haut.
Sie ist eine Giftschlange, die mit ihrem giftigen Biss ihre Beute tötet.

Kreuzotter

- bis 90 cm
- Heide, Moore, Wiesen, Dünen, Wälder
- zischt
- hauptsächlich Mäuse, auch Eidechsen, Frösche, Kröten, kleine, auf dem Boden nistende Vögel

weibliche Kreuzotter

Eine große Mahlzeit reicht Kreuzottern für eine Woche oder länger.

Ringelnatter

- 90–150 cm
- feuchtes Gras, Gräben, Teichufer, langsam fließende Gewässer
- faucht, wenn sie überrascht wird
- Frösche, kleine Säugetiere, Vögel

Ringelnatter

Es ist möglich, eine Ringelnatter in einem Komposthaufen oder unter einem Haufen Blätter zu finden, während sie dabei ist, ein Nest zu bauen.

Ringelnatter

Die Ringelnatter ist in Westeuropa weit verbreitet. Sie hat eine braune oder olivgrüne Oberseite mit schwarzem Streifenmuster. Man kann sie beobachten, wie sie in einem Teich schwimmt und nach Fröschen, Kröten oder Kaulquappen Ausschau hält. Ihr Biss ist nicht giftig.

Waldeidechse

Die Waldeidechse ist blassbraun, grau oder blassgrün und hat dünne Querstreifen auf dem Rücken. Reglos lauert sie auf Beute und sprintet dann auf einmal los, um sich ein Insekt zu schnappen.

Blindschleiche

Die Blindschleiche sieht aus wie eine Schlange, ist aber in Wirklichkeit eine Eidechse ohne Beine. Sie ist fast vollständig braun und hat eine breite, flache Zunge. Sie jagt nachts und sonnt sich am Tag.

Zauneidechse

Zauneidechsen sind stämmiger als Waldeidechsen. Die Männchen sind grünlich, während die Weibchen eher braun sind. Außerdem haben sie zwei helle Streifen und dunkle Flecken auf dem Rücken.

Schlingnatter

Die Schlingnatter ist braun und ähnelt einer Kreuzotter, hat aber statt des Zickzackmusters eine dunkle Stelle auf dem Kopf und blasse Flecken auf dem Rücken.

Stichling

Der Stichling ist ein kleiner bräunlicher Fisch mit silbrigen Seiten und drei aufstellbaren Stacheln am Rücken. Er ist ein aggressiver Räuber, der Kaulquappen und kleine Fische jagt. Das Männchen hat zur Paarungszeit einen roten Bauch und blaue Augen.

Stichling

- 8 cm
- häufig
- langsam fließende Gewässer, größere Teiche, Seen, Flüsse, das Meer
- Kaulquappen, Larven, kleine Fische

Stichling

Das Männchen baut das Nest. Wenn das Weibchen die Eier ablegt, bewacht das Männchen das Gelege, bis die Brut schlüpft.

Hecht

Der Hecht wird bis zu einem Meter lang und ist ein gefährliches Raubtier, das zwischen den Wasserpflanzen lauert, um plötzlich hervorzuschnellen und sich die Beute zu schnappen, etwa kleine Fische und Wirbellose.

Lachs

Der Lachs ist ein großer silberner Fisch. Man sieht ihn nur in den saubersten Flüssen. Er verbringt die meiste Zeit seines Lebens im Meer, aber zum Laichen macht er eine anstrengende Reise zurück zu dem Fluss, in dem er selbst aus dem Ei geschlüpft ist.

Lachs

- 120–150 cm
- saubere, schnell fließende Flüsse, das Meer
- Wirbellose, vor allem Insektenlarven, Krebstiere, kleine Fische

Auf Wanderschaft überspringt er bis zu drei Meter hohe Hindernisse.

Lachs

Bachforelle

Die Bachforelle hat einen goldfarbenen Körper mit blass umrandeten, dunklen, rostbraunen Punkten. Sie lebt in Fließgewässern und ist eine emsige Jägerin von Insektenlarven, kleinen Fischen und Insekten.

Aal

Der Aal ist lang und schmal und kann über einen Meter lang werden. Er ist berühmt für seine Wanderung aus europäischen Süßwasser-Flüssen bis zu der einige Tausende von Kilometern entfernten Sargassosee im Atlantik.

Makrele

Die Makrele ist ein silberweißer Fisch mit einem dunklen Streifenmuster auf dem Rücken. Ihr schlanker Körper lässt sie blitzschnell werden. Die Makrele ist meistens weit draußen im Meer als Teil eines riesigen Fischschwarms unterwegs.

Butterfisch

Der Butterfisch ist lang, orange-gelb gefärbt mit schwarzen Punkten und versteckt sich unter Seetang und Steinen in küstennahen Gezeitentümpeln. Sein Name kommt daher, dass er glitschig wie Butter und schwer festzuhalten ist.

Geheimnisvolles Strandgut

„Meerjungfrauen-Tasche" lautet die fantasievolle englische Bezeichnung für diesen häufigen, aber seltsamen Strandfund. In Wirklichkeit sind die ledrigen Täschchen mit den langen Zipfeln Eihüllen des Katzenhais, in denen kleine Haie heranreifen.

Schan

Der Schan ist ein fleckiger, bräunlicher Fisch, der in küstennahen Gezeitentümpeln lebt. Er kann nicht nur schwimmen, sondern auch klettern, indem er die kleinen Flossen unter seinem Körper wie Arme benutzt.

Strandgrundel

Die Strandgrundel ist ein kleiner Meeresfisch, der in flachen Gewässern in Strandnähe lebt. Die Sandfarben und die Flecken auf seinem Körper geben ihm eine perfekte Tarnung. Er benutzt seine Flossen wie Saugnäpfe, um sich an den Felsen festzuhalten.

Große Königslibelle

Die Große Königslibelle ist ein farbenprächtiges Insekt. Das Männchen hat einen langen blauen Hinterleib, große Augen und vier durchsichtige Flügel. Alle Libellen sind hervorragende Flieger. Während ihrer schnellen Flüge sind sie in der Lage, die von ihnen geschnappten Insekten direkt in der Luft zu verspeisen.

Große Königslibelle

- 78 mm
- Juni–August
- häufig
- große Teiche, Seen, Kanäle, Flüsse
- als erwachsenes Tier fliegende Insekten; im Larvenstadium Kaulquappen, Wasserinsekten, winzige Fische

Eine Libelle kann in der Luft „stehen", aber auch rückwärts oder sogar mit dem Bauch nach oben fliegen.

Große Königslibelle

Sie ist eine der größten Libellen in Europa.

Die Larven von Libellen nennt man Nymphen. Sie leben im Wasser, atmen durch Kiemen und ernähren sich von anderen Kleinlebewesen.

Gemeine Becherjungfer

Die zierliche Becherjungfer hat einen blauen Körper und zählt zu den Kleinlibellen. Bei der Landung faltet sie ihre Flügel auf dem Rücken zusammen, statt sie auszubreiten. Oft sieht man zwei Becherjungfern während der Paarung miteinander verbunden fliegen.

Gemeine Becherjungfer

- 33 mm
- April –September
- häufig
- Teiche, Flüsse, Kanäle, Seen, Wälder
- als erwachsenes Tier kleine Insekten, im Larvenstadium kleine Wasserinsekten

Becherjungfern fühlen sich auch am Gartenteich wohl.

Gemeine Becherjungfer

Frühe Adonislibelle

Die Frühe Adonislibelle lässt sich für gewöhnlich schon im April blicken. Während die Weibchen von größtenteils rot bis größtenteils schwarz vorkommen, haben die Männchen meistens einen roten Hinterleib mit bronzefarbenen und schwarzen Streifen und einen schwarzen Vorderkörper.

Großer Kohlweißling

Großer Kohlweißling

63–70 mm

April–Oktober

häufig

Gärten, Parks, Ackerland

als erwachsenes Tier Nektar, als Raupe Pflanzen aus der Kohl-Familie

Der Große Kohlweißling ist ein weißer Schmetterling mit schwarzen Spitzen auf seinen Vorderflügeln. Beim Weibchen sind da noch außerdem zwei dunkle Punkte. Die Raupen des Großen Kohlweißlings fressen vor allem Kohl und einige andere Grünpflanzen und sind darum oft im Garten zu finden.

Schmetterlinge haben ihren Geschmackssinn an den Füßen.

Großer Kohlweißling (Weibchen)

Kleiner Kohlweißling (Weibchen)

Kleiner Kohlweißling

Wie der Name schon sagt, ist der Kleine Kohlweißling ein bisschen kleiner als sein großer Bruder und seine Zeichnung ist grauer. Er ist ein häufiger Gast im Gemüsegarten. Seine Raupen sind groß und grün und haben gelbliche Rücken- und Seitenstreifen.

Kreis des Lebens

Ei

Schmetterlinge durchlaufen vier Stadien in ihrem Leben. Am Anfang steht das Ei. Der weibliche Schmetterling legt die Eier auf einer Pflanze ab.

Raupe

Als zweites folgt das Raupenstadium. Die Raupe frisst und frisst. Wenn es der stetig wachsenden Larve in ihrer Haut zu eng wird, häutet sie sich.

Stadium eins

Stadium zwei

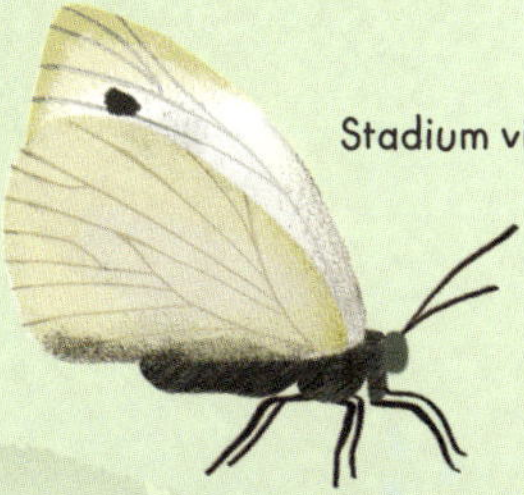

Stadium vier

Stadium drei

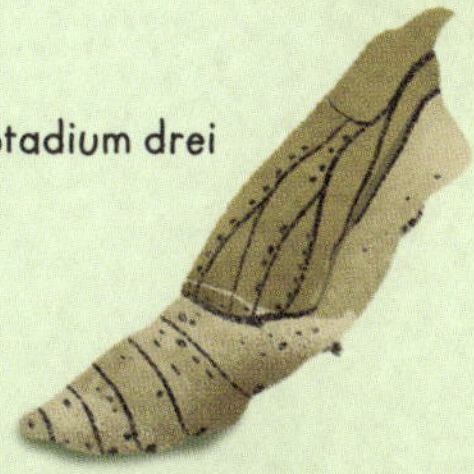

Schmetterling

Im vierten Stadium kriecht ein Schmetterling aus der Puppe. Am Anfang sind seine Flügel noch weich, feucht und völlig zerknittert. Nach und nach wird Blut in die Flügel gepumpt, sie falten sich auf: Der Schmetterling fliegt los.

Puppe

Im dritten Stadium verpuppt sich die Raupe. Die Puppe ist eine schützende, feste Schicht, mit der sich die Raupe umgibt. Sie bleibt in diesem Stadium eine lange Zeit, bis sich im Inneren der Puppe die Raupe vollständig verwandelt hat.

Aurorafalter

Die Männchen des Aurorafalters haben orangene Spitzen auf ihren Flügeln. Die Weibchen sind durchgehend weiß, mit schwarzen Flügelspitzen und einem schwarzen Punkt auf jedem Vorderflügel. Auf der Flügelunterseite haben beide ein unregelmäßiges, gelblich-grünliches bis graugrünes Muster.

Aurorafalter

- 45–50 mm Flügelspannweite
- April–Juli
- häufig
- Flussufer, Hecken, Wiesen, Gärten
- als Falter Nektar, als Raupe Kreuzblütler und Eier anderer Aurorafalter

Kleiner Feuerfalter

Die Vorderflügel des Kleinen Feuerfalters sind orange mit braunen Rändern und schwarzen Flecken, seine Hinterflügel braun mit orangen Rändern und winzigen blauschwarzen Tupfen. Halte nach ihm auf Blumenwiesen Ausschau.

Kleiner Feuerfalter

- 32–35 mm Flügelspannweite
- Mai–Oktober
- häufig
- Wiesen, Parks, Gärten, Wälder, Sanddünen, Marschland
- als Falter Nektar, vor allem von Kreuzkraut und Distel; als Raupe Sauerampfer und andere Ampferarten

Gemeiner Bläuling

Gemeiner Bläuling (Männchen)

Der Gemeine Bläuling liebt warme, sonnige Orte. Das Männchen hat kräftig lilablaue Flügel, die mit einer dünnen schwarzen und einer dünnen weißen Linie umrandet sind. Das Weibchen ist braun. Beide haben auf der Flügelunterseite ein Muster aus orangen, schwarzen und weißen Flecken.

Gemeiner Bläuling

- 35 mm Flügelspannweite
- Mai–Oktober
- häufig
- Gärten, Wiesen, Wälder
- als erwachsenes Tier Nektar, als Raupe Klee

Gemeiner Bläuling (Weibchen)

Faulbaumbläuling

Die Flügeloberseite des Faulbaumbläulings ist hellblau mit dunklen Spitzen auf den Vorderflügeln. Bei diesem kleinen Falter ist auch die Unterseite blau, nur ein bisschen blasser und mit kleinen schwarzen Flecken.

Faulbaumbläuling

- 35 mm Flügelspannweite
- April–September
- häufig
- Gärten, Wälder, Grünanlagen
- als Falter Nektar, als Raupe Stechpalme oder Efeu

Faulbaumbläuling (Männchen)

Raupen, die im Frühling schlüpfen, fressen Stechpalmenblätter, solche, die im Sommer schlüpfen, hingegen Efeublätter.

Kleiner Fuchs

Trotz seines Namens ist der Kleine Fuchs ziemlich groß und farbenfroh: leuchtend orange, mit schwarzen und gelben Streifen und Punkten. An den Rändern aller vier Flügel hat er blaue, schwarz umrandete Flecken. An warmen Tagen sieht man ihn zusammen mit anderen Kleinen Füchsen die ausgebreiteten Flügel in die Sonne halten.

Kleiner Fuchs

- 50–56 mm Flügelspannweite
- Januar–Dezember
- häufig
- Wälder, Grünflächen, Gärten, Dörfer und Städte
- als erwachsenes Tier Nektar, als Raupe Brennnesseln

Kleiner Fuchs

Admiral

Der Admiral ist ein großer Schmetterling mit roten Streifen und leuchtend weißen Flecken auf den Vorderflügeln. Er ist ein häufiger Besucher unserer Gärten, wo er gerne Nektar oder den Saft von faulendem Fallobst saugt. Um im Frühling aus Südeuropa zu uns zu kommen, fliegt er Hunderte Kilometer.

Admiral

- 62–72 mm Flügelspannweite
- März–November
- häufig
- viele verschiedene Habitate
- als Falter Nektar und Fallobst, als Raupe Brennnesseln

Tagpfauenauge

Das Tagpfauenauge ist rot, mit leuchtend gelben und blauen Augenflecken auf jedem Flügel. Sie sehen aus wie das Muster auf den Schwanzfedern eines Pfaus und sind dazu da, um Feinde zu verwirren. Im Garten setzt er sich gerne in die Sonne und schlürft Gartenblumennektar.

Tagpfauenauge

- 63–69 mm Flügelspannweite
- Januar–Dezember
- häufig
- Gärten, Felder, Obstgärten
- als erwachsenes Tier Nektar, als Raupe Brennnesseln

Seine Raupen sind schwarz, haben feine weiße Punkte und dornige Borsten.

Alle diese Schmetterlinge sind knallig bunt, wenn ihre Flügel ausgebreitet sind, aber wenn sie die Flügel schließen, sind sie gut getarnt.

Tagpfauenauge

Distelfalter

Der Distelfalter ist orange mit schwarzweiß gemusterten Flügelspitzen und schwarzen Flecken auf den Flügeln. Er fliegt jeden Frühling von Nordafrika zu uns, wobei er über 100 Kilometer am Tag zurücklegt.

C-Falter

Die Flügel des orangebraun gefleckten C-Falters sind am Rand ausgefranst. Seinen Namen verdankt er einer c-förmigen Markierung auf der Unterseite seiner Hinterflügel.

Großer Perlmuttfalter

Der Große Perlmuttfalter ist orange und hat viele braune oder schwarze Flecken und Punkte auf seinen Flügeln. Die Hinterflügel sind auf der Unterseite leicht grünlich mit Perlmuttflecken.

Waldbrettspiel

Das Waldbrettspiel ist dunkelbraun mit cremefarbenen Punkten und gelblichen, braun umrandeten Augenflecken auf den Flügeln. Dieser Falter lebt vor allem in Wäldern, aber du kannst ihn auch in baumreichen Parks oder Gärten sehen.

Es gibt viele braune Schmetterlinge. Man muss sich die Muster und Zeichnungen auf ihren Flügeln ganz genau ansehen, um sie unterscheiden zu können.

Rotbraunes Ochsenauge

Das Rotbraune Ochsenauge ist mittelgroß und oft in wilden Hecken, auf Wiesen und am Waldrand zu finden. Seine Flügel sind orange, braun umrandet, haben braune Zeichnungen und schwarze Augenflecken mit weißen Einsprengseln.

Schachbrettfalter

Der Schachbrettfalter ist ein schwarz und weiß gemusterter Schmetterling, den man im Sommer auf Blumenwiesen sehen kann. Besonders gerne saugt er den Nektar aus purpurroten Blumen. Die Weibchen lassen ihre Eier im Flug einfach fallen!

Großes Ochsenauge

Das Große Ochsenauge ist auf Feldern, Wiesen, in Parks und in Gärten anzutreffen. Es ist braun, mit schwarzen Augenflecken auf jedem Vorderflügel. Die Weibchen haben um die Augenflecken herum helle, orange Flächen.

Brauner Waldvogel

Der Braune Waldvogel ist schokoladenbraun, mit kleinen blassgelb umrandeten Augenflecken, die sowohl auf der Oberseite als auch auf der Unterseite der Flügel zu sehen sind. Die Anzahl seiner Augenflecken variiert. Der Braune Waldvogel fliegt auch, wenn es kühl oder sogar regnerisch ist.

Kleines Wiesenvögelchen

Das Kleine Wiesenvögelchen ist ein sehr kleiner orangebrauner Schmetterling. Er ruht mit geschlossenen Flügeln und zeigt dabei auf den Vorderflügeln je einen schwarzen, gelb umrandeten Augenfleck. Seine Hinterflügel sind grau, braun und weiß gemustert.

Pappelschwärmer

Der Pappelschwärmer ist ein großer grauer Nachtfalter, mit dunkelbraunem Muster auf den Flügeln. Die roten Flecken lässt er aufblitzen, um hungrige Vögel abzuschrecken. Nachtfalter haben pelzig behaarte Körper, vier mit winzigen Schuppen bedeckte Flügel und einen Saugrüssel, sowie glatte oder leicht behaarte Fühler. Viele, aber nicht alle Arten sind nachtaktiv.

Pappelschwärmer

- 65–90 mm Flügelspannweite
- Mai–August
- häufig
- Hochebenen, Wälder, Parks, Gärten
- als erwachsenes Tier nichts, als Raupe Pappel- und Weidenblätter

Pappelschwärmer

Raupen

Nachtfalter durchlaufen dieselben vier Stadien wie Schmetterlinge. Viele ihrer Raupen überraschen durch ihr auffallendes Äußeres. Die Raupen des Pappelschwärmers (links) sind leuchtend grün, haben blassgelbe Querstreifen, einen rötlichen Punkt auf jedem Segment und ein Horn am Hinterleib.

Raupe eines Pappelschwärmers

Mittlerer Weinschwärmer

Der Mittlere Weinschwärmer ist trotz seines Namens groß, grünlich-braun und leuchtend rosa, und hat weiße Beine und Fühler. Er ernährt sich von Nachtblühern wie dem Geißblatt. Seine Raupe ähnelt einem Elefantenrüssel.

Hausmutter

Die Hausmutter hat braune oder graue Vorderflügel, die an Baumrinde erinnern, und gelborange Hinterflügel. Mit dem plötzlichen Aufblitzen ihrer Hinterflügel überrascht sie die an ihr interessierten Vögel, was ihr ein bisschen mehr Zeit zum Entkommen verschafft.

Jakobskrautbär

Der Jakobskrautbär ist ein kleiner Falter, der am Tag und in der Nacht über grasigen Flächen herumflattert. Er ist schwarz und rot und trägt ein Muster aus Streifen und Punkten. Seine Raupen sind schwarz-orange gestreift und fressen die giftigen Pflanzen des Jakobs-Kreuzkrauts.

Brauner Grashüpfer

Die Ohren des Grashüpfers sitzen an seinem Unterleib.

Brauner Grashüpfer

- 18–24 mm Flügelspannweite
- Mai–Oktober
- häufig
- Gärten, Graslandschaften, Ackerland, Hochebenen
- vor allem Gräser

Brauner Grashüpfer

Grashüpfer haben lange, starke Beine, mit denen sie springen, aber auch singen können. Denn das zirpende Geräusch entsteht durch das Reiben der Hinterbeine an den Vorderflügeln. Grashüpfer haben kurze Fühler und sind meistens braun und grün, mit einer rötlich gefärbten Unterleibspitze.

Bunter Grashüpfer

Der Bunte Grashüpfer ist blassgrün und an den Seiten bräunlich. Man sieht ihn im Sommer auf feuchten Wiesen und in bewaldeten Landschaften. Der Gesang des Männchens kann länger als 20 Sekunden am Stück dauern.

Grashüpfer können nicht nur springen, sondern auch gut fliegen.

Punktierte Zartschrecke

Das Weibchen hat einen gekrümmten Dorn auf ihrem Hinterleib. Das ist die Legeröhre zum Ablegen der Eier.

Grashüpfer sind meistens tagaktiv, während Laubheuschrecken eher nachtaktiv sind.

Punktierte Zartschrecke

Die Punktierte Zartschrecke ist ein kleines, intensiv grünes Insekt mit schwarzen Flecken und einem Rückenstreifen. Wie Grashüpfer haben Laubheuschrecken lange, kräftige Beine zum Springen. Aber sie singen nicht mit ihnen, sondern indem sie ihre Flügel aneinander reiben.

Punktierte Zartschrecke

- 9–18 mm Flügelspannweite
- Mai–November
- häufig
- Gärten, Graslandschaften, Felder und Weiden, Gehölz
- Blätter, vor allem von Rosen, Himbeeren, Brombeeren

Schwarze Wegameise

Die Schwarze Wegameise ist ein sehr häufiges Insekt, das sich in fast allen Habitaten zu Hause fühlt. Sie hat einen kleinen schwarzen oder dunkelbraunen Körper mit einer sehr dünnen „Taille" und starken, zangenartigen Mundwerkzeugen. Schwarze Wegameisen beißen und stechen nicht.

Bei Ameisen kannst du die für Insekten typische Unterteilung gut erkennen: Kopf, Brust (Thorax) und Hinterleib (Abdomen).

Wenn du im Sommer Schwärme von fliegenden Ameisen siehst, dann paaren sich gerade die Weibchen mit den Männchen.

Ameisenkolonien

Ameisen leben in großen unterirdischen Nestern in Gruppen zusammen, den Kolonien. Es gibt eine Königin, die Eier legt, und Tausende von Arbeiterinnen, die sich um das Nest kümmern und Nahrung herbeischaffen. Die Arbeiterinnen haben keine Flügel. Geflügelte Ameisen erscheinen nur im Sommer.

Schwarze Wegameise

- 3–5 mm
- März–Oktober
- häufig
- Gärten, Parks, Felder und Wiesen
- Nektar, Früchte, Honigtau, Samen, andere kleine Insekten

Wespe

Die Wespe ist schwarz-gelb gestreift, eine Warnung an andere Tiere, sie in Ruhe zu lassen. An ihrem Hinterleib hat sie einen Stachel, mit dem sie schmerzhafte Stiche versetzen kann. Wespen mögen Früchte und sie kauen erbeutete Insekten für ihre Larven vor. Ihre Nester bestehen aus papierähnlichem Material.

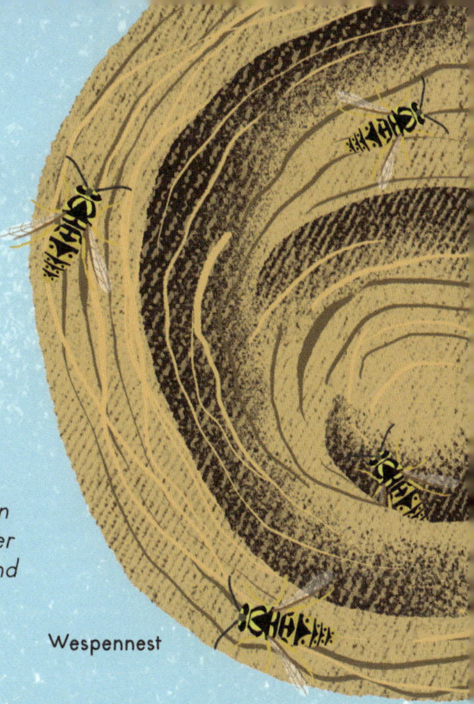

Wespen können öfter stechen, Bienen nicht. Wenn eine Biene sticht, wird der Stachel aus ihrem Körper gerissen und die Biene stirbt.

Wespennest

Wespe

- 15 mm
- April–Oktober
- häufig
- die meisten Habitate
- als erwachsenes Tier Nektar, Fruchtsäfte, als Larve kleine Insekten und andere Wirbellose

Viele Menschen halten Wespen für eine Plage. Sie sind aber sehr nützlich, weil sie im Garten andere lästige Insekten jagen.

Wespe

Bienen fliegen von Blüte zu Blüte und sammeln Pollen in den sogenannten „Pollenkörbchen" an ihren Beinen.

Honigbiene

- 12–15 mm Flügelspannweite
- März–September
- häufig
- die meisten Habitate
- Nektar, Pollen

Honigbiene

Die Honigbiene ist ein schwarz-gelb gestreiftes Insekt, kleiner als eine Hummel und weniger farbintensiv als eine Wespe. Ihr Körper ist leicht behaart. Sie hat große schwarze Augen und schwarze Beine. Für viele Pflanzen ist sie sehr wichtig, weil sie deren Pollen verteilt. Und Honig produziert sie auch noch.

Honigbienen „tanzen" in ihrem Bienenstock, um anderen Bienen zu sagen, wo sich neue Futterquellen befinden.

Honigbienenvölker

Ein Bienenvolk kann aus mehr als 50000 Arbeiterinnen und nur einer Königin bestehen. Die Arbeiterinnen stellen Bienenwachs her und benutzen es, um die kleinen sechseckigen Waben zu bauen, in denen Eier, Larven und Puppen leben sollen und die Nahrung gelagert wird. Menschen halten schon seit Tausenden von Jahren Bienen.

Dunkle Erdhummel

- 15–25 mm
- März–August
- häufig
- Gärten, Städte, Dörfer, Grünlandschaften
- Nektar

Dunkle Erdhummel

Die Dunkle Erdhummel ist groß, pummelig, haarig und schwarz-gelb mit einer weißen Hinterleibspitze. Sie schwirrt von Blüte zu Blüte auf der Suche nach Nektar. Weil sie einen kurzen Saugrüssel hat, besucht sie gern leicht zugängliche Blüten, wie die von Gänseblümchen.

Halte nach ihr Ausschau in Gärten und Parks, an blühenden Hecken und auf Blumenwiesen.

Steinhummel

Die Steinhummel ist etwas kleiner als die Dunkle Erdhummel und größtenteils schwarz, mit einem orangeroten Hinterteil. Du kannst sie gut in deinem Garten beobachten, wenn sie sich auf Löwenzahn und Disteln setzt, um Nektar zu sammeln.

In Europa gibt es etwa 70 Hummelarten.

Rotpelzige Sandbiene

Die Rotpelzige Sandbiene ist pelzig und rötlichbraun. Ihre Lieblingsplätze zum Sammeln von Nektar sind Obstbäume, wie Kirsche, Birne und Apfel. Winzige Erdhügel in deinem Garten zeigen dir, wo diese Einzelgänger leben.

Blaue Schmeißfliege

- 12 mm
- das ganze Jahr
- häufig
- Häuser, Gärten
- als erwachsenes Tier Nektar, als Larve verderbendes Fleisch

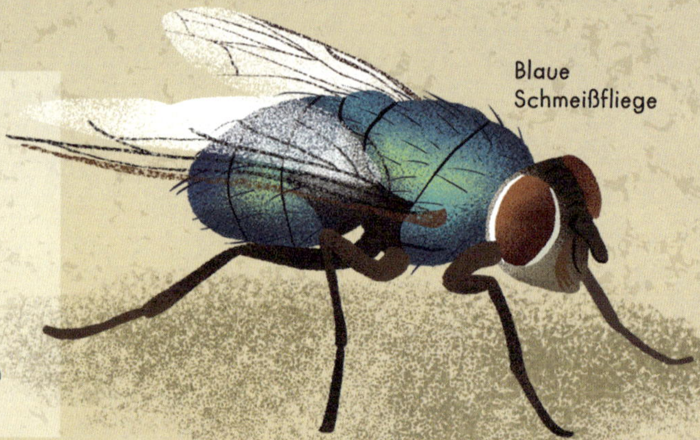

Blaue Schmeißfliege

Blaue Schmeißfliege

Die Blaue Schmeißfliege ist eine große Fliege mit einem metallisch glänzenden blauschwarzen Körper und mit haarigen Borsten. Die erwachsene Fliege ernährt sich von Nektar. Die Weibchen legen ihre Eier auf Fleisch ab, aus denen ihre Larven, die Maden, schlüpfen, die dann vom Gammelfleisch leben.

Die Maden fressen altes Fleisch von toten Tieren. Das hört sich eklig an, aber es hilft, in der Natur aufzuräumen und tote Tiere zu zersetzen.

Nach einigen Tagen verpuppen sich die Maden im Boden, ehe sie als Schmeißfliegen wieder auftauchen.

Stubenfliege

Die Stubenfliege ist kleiner als die Schmeißfliege und hat einen graubraunen Körper mit einigen Längsstreifen auf dem Rücken. Du hast sie sicher schon mal um Essen oder Mülltonnen herumschwirren sehen. Sie ernährt sich von Essensresten und Kot.

Schwebfliege

Die Schwebfliege hat einen gelb-schwarz gestreiften Hinterleib wie die Wespe. So täuscht sie Feinde, indem sie vorspiegelt, gefährlich zu sein. Schwebfliegen können in der Luft stehen. Sie schwirren aus dem Stand vor und zurück, fliegen durch Gärten und Wiesen und ernähren sich von Nektar.

Schwebfliege

- 13 mm
- März–November
- häufig
- Gärten, Parks, Gehölz, Felder und Wiesen
- als erwachsenes Tier Nektar, als Larven Blattläuse

Schwebfliegen gehören zu den wichtigsten bestäubenden Insekten.

Weltweit sind ungefähr 6 000 Schwebfliegenarten bekannt.

Schwebfliegen haben riesige Augen, die viel größer sind als die von Honigbienen.

Grüne Stinkwanze

- 13–15 mm
- Mai–November
- häufig
- Gärten, Parks, Felder und Weiden, Wälder, Hochebenen
- Blätter, vor allem von Stechpalmen und Obstbäumen

Grüne Stinkwanze

Diese Insekten haben nadelähnliche Mundwerkzeuge, mit denen sie Früchte anstechen und ihren Saft saugen können.

Die Grüne Stinkwanze sondert bei Gefahr eine übel riechende Substanz aus ihren Drüsen am Hinterleib aus. Ihr schildförmiger Körper ist im Sommer leuchtend grün, im Winter braun wie abgefallenes Laub. Die Vorderflügel sind teilweise verhärtet und schützen so das Tier.

Rotbeinige Baumwanze

Diese Baumwanze hat einen braunen Schild, mit einem orangen Fleck auf seiner Mitte, sowie rotbraune Beine und Fühler. Sie krabbelt über Eichen- und Obstbaumzweige, saugt Saft aus Knospen und Früchten und frisst kleine Insekten und Raupen.

Rotbeinige Baumwanze

- 11–14 mm
- Juni–November
- häufig
- Wälder, Gärten, Parks, Hochebenen
- Saft von Knospen und Früchten, Insekten und ihre Larven

Siebenpunkt-Marienkäfer

Wie andere Käfer hat auch der Marienkäfer harte Deckflügel. Er ist leuchtend rot, hat drei Punkte auf jedem Flügel und einen siebten Punkt dazwischen. Sein Kopf ist schwarz und weiß gemustert, und die Beine sind schwarz. Beobachte Marienkäfer, die auf Blumenstängeln Blattläuse jagen.

Siebenpunkt-Marienkäfer

- 6–8 mm
- März–Oktober
- häufig
- Gärten, Graslandschaften, Wälder, Städte und Dörfer, Felder und Wiesen
- Blattläuse

Marienkäfer sind bei Gärtnern beliebt, weil sie sich von Schädlingen ernähren. Schon die Larven fressen bis zu 400 Blattläuse am Tag.

Zweipunkt-Marienkäfer

Der Zweipunkt-Marienkäfer ist meist rot und hat einen schwarzen Punkt auf jedem Flügel, schwarze Beine und einen schwarz-weiß gezeichneten Kopf. Er ist etwas kleiner als der Siebenpunkter und noch häufiger.

Roter Weichkäfer

Der Rote Weichkäfer ist lang und schlank. Er hat eine matte rötlichbraune Färbung, einen schwarzen Hinterleib und lange Fühler. Diese Käfer sieht man oft zu zweit, entweder bei der Paarung oder beim Krabbeln über Blüten, wo sie nach Blattläusen suchen. Sie bevorzugen offene Blüten wie die des Wiesenkerbels.

Roter Weichkäfer

- 12–15 mm
- Juni–August
- häufig
- Weideland, Gärten
- als Käfer Blattläuse und andere kleine Insekten, Pollen, Nektar; als Larve Schnecken und Nacktschnecken

Hirschkäfer

Der Hirschkäfer ist ein großer schwarzbrauner Käfer mit gewaltigen Kiefern, die wie Hirschgeweihe aussehen. Sie kommen bei Kämpfen mit anderen Männchen zum Einsatz. Es ist nicht bekannt, ob die erwachsenen Hirschkäfer überhaupt essen! Man findet sie in Wäldern, Parks und Gärten, wo sich ihre Larven von morschem Holz ernähren.

Hirschkäfer

- 50–75 mm (Männchen)
- Mai–August
- Wälder, Gärten, Parks, Hecken
- als erwachsene Tiere Baumsäfte oder nichts, als Larve morsches Holz

Hirschkäferlarven können bis zu vier Jahre damit zubringen, an morschem Holz zu knabbern, ehe sie zu Käfern heranreifen.

Der Hirschkäfer gehört zu den größten Käfern in Europa.

Maikäfer

Der Maikäfer ist ein großer brauner Käfer. Das Männchen hat fächerartige Fühler. Im Sommer sind die Maikäfer oft massenhaft unterwegs, schwirrend und summend, und krachen dabei manchmal in die Fenster. Man sieht sie in Gärten, Parks und Waldgebieten, wo sie sich von den Blättern der Bäume ernähren.

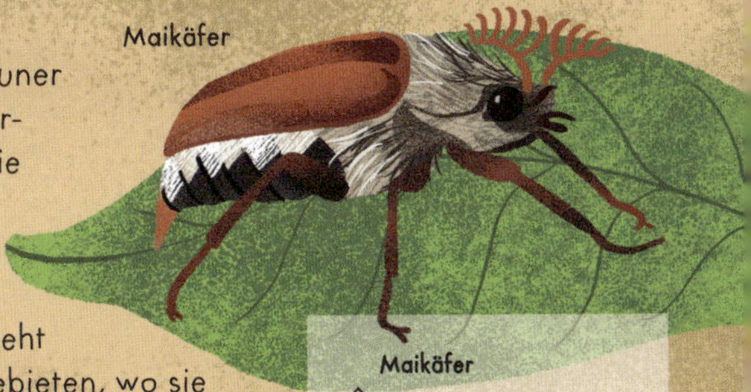

Maikäfer

- bis zu 35 mm
- Mai–August
- häufig
- Wälder, Gärten
- als erwachsenes Tier Blätter, als Larve Wurzeln

Es gibt über 350 000 Käferarten weltweit. Das ist fast ein Viertel aller auf der Welt lebenden Tierarten!

Schwarzer Moderkäfer

Der Schwarze Moderkäfer ist ein großes Insekt, das die Eigenart hat, seinen Hinterleib anzuheben, wenn es sich bedroht fühlt. Bei Tag versteckt es sich unter Baumstämmen und Steinen und kommt erst nachts heraus, um zu jagen.

Nashornkäfer

Der Nashornkäfer glänzt bläulichschwarz und trägt ein deutlich sichtbares „Horn" auf seiner Nase. Er sieht aus wie ein Mini-Nashorn oder ein winziger Triceratops! Er lebt in Gärten, Parks und im Gestrüpp.

Glühwürmchen

Das Glühwürmchen ist kein Wurm, sondern ein Käfer. Das flügellose Weibchen hat einen dicken, an einen Wurm erinnernden Körper. In den letzten beiden Segmenten des Hinterleibs produziert es ein grüngelbliches Licht, das die Männchen anlockt.

Wasserläufer

Der graue Wasserläufer gleitet auf langen Beinen über die Wasseroberfläche eines Teichs oder Flusses wie auf Schlittschuhen. Fällt ein anderes Insekt ins Wasser, packt er es mit seinen Mundwerkzeugen und schlürft es aus.

Rückenschwimmer

Dieser Wasserkäfer kann auf dem Rücken schwimmen, wobei er seine langen Beine wie Ruder nutzt. Er ist hellbraun, hat rötliche Augen und ernährt sich von Kaulquappen, Insekten und kleinen Fischen.

Taumelkäfer

Der Taumelkäfer ist winzig, oval und glänzend schwarz. Seine Augen sind unterteilt: Die eine Hälfte beobachtet das Geschehen über Wasser und die zweite Hälfte guckt unter die Wasseroberfläche.

Gelbrandkäfer

Der Gelbrandkäfer ist ein großer Käfer. Er ist dunkelbraun bis schwarz, mit gelben Beinen und einer gelben Umrandung um Kopf, Brust und Flügel. Zur Beute des Gelbrandkäfers zählen Insekten, Kaulquappen und kleine Fische.

Eintagsfliege

Die Eintagsfliege ist ein langes Insekt mit zarten Flügeln und drei sehr langen, feinen Hinterleibsfäden. Ein erwachsenes Tier lebt höchstens ein paar Tage. Eintagsfliegen erscheinen alle auf einmal und bilden einen riesigen Schwarm über dem Teich.

Wasserspinne

Die Wasserspinne kann unter Wasser atmen. Sie spinnt ein Netz zwischen den Teichpflanzen und fängt Luftbläschen von der Wasseroberfläche ein. Aus ihrer Luftblase prescht sie hervor, wenn Beute vorbeikommt.

Skorpionswanze

Die Skorpionswanze hat wie Zangen geformte Vorderbeine. Das lange Rohr am Hinterleib, das wie ein Stachel aussieht, benutzt sie als Schnorchel, um Atemluft von draußen anzusaugen.

Spitzschlammschnecke

Die Spitzschlammschnecke hat ein braunes, spiralförmig gedrehtes Schneckenhaus. Sie lebt in ruhigen Teichen und fängt an der Wasseroberfläche Luft in ihrem Gehäuse ein, um unter Wasser atmen zu können.

Anders als Landschnecken hat eine Teichschnecke nur zwei Fühler und ihre Augen sitzen nicht oben, sondern unten an der Basis

Spinnenseide ist so stabil, dass man sie mit dem Material vergleicht, aus dem kugelsichere Westen gemacht werden.

Wenn die Gartenkreuzspinne ein Insekt gefangen hat, tötet sie es mit ihrem giftigen Biss und wickelt es für später in Spinnenseide ein.

Gartenkreuzspinne

- 9–15 mm
- Mai–November
- häufig
- Gärten, Wiesen, Wälder, Ackerland
- Insekten

Gartenkreuzspinne

Die Gartenkreuzspinne hat einen rund gewölbten Hinterleib mit einem weißen Muster auf der Oberseite, das an ein Kreuz erinnert. Wie alle Spinnen hat sie acht Beine, keine Flügel oder Fühler, kann aber dafür tolle Spinnfäden produzieren. Jeden Tag baut sie ein neues, radförmiges Netz, das als Insektenfalle funktioniert.

Zebraspringspinne

Diese kleine Spinne ist schwarz und weiß gestreift. Sie ist eine Springspinne, das heißt, sie baut keine Netze, sondern springt die Beute mithilfe ihrer kräftigen Hinterbeine an.

Spinnen haben zwei große Augen vorne auf dem Kopf und mehrere kleine drum herum. Die schwarzen Hauptaugen der Zebraspringspinne sind besonders groß.

Große Winkelspinne

Die Große Winkelspinne hat einen dunklen, haarigen Körper und lange Beine. Sie ist bis zu einem halben Meter pro Sekunde schnell und spinnt unregelmäßige Gespinstteppiche, die in einem Fangtrichter enden.

Zwergspinne

Die Zwergspinne ist eine Baldachinspinne und mit ihren nur 3 mm winzig klein. Sie hat einen runden, glänzend schwarzen Körper.

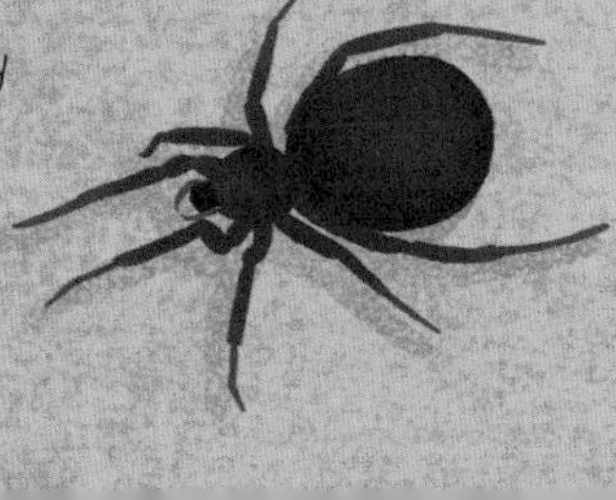

In Europa gibt es etwa 400 Baldachinspinnenarten.

Regenwurm

Der Regenwurm hat einen weichen Körper, der aus vielen Segmenten besteht. Er ist eines der wichtigsten Lebewesen in der Natur, denn er hilft dabei, abgestorbene Pflanzen zu zersetzen. Außerdem lockert er den Boden auf. Wenn du eine Schippe voll Gartenerde aushebst, hast du gute Chancen, darin einen sich windenden Regenwurm zu finden.

Regenwurm

- bis zu 30 cm
- häufig
- überall
- verrottende Pflanzen und Tiere

Regenwurm

Kleine Borsten unter dem Bauch helfen dem Regenwurm, vorwärts zu kommen.

Kellerassel

Kellerasseln sind keine Insekten, sondern Krebstiere und verwandt mit Garnelen, Krabben und Hummern.

Die Kellerassel ist glänzend schwarzgrau und trägt einen schützenden Panzer auf dem Rücken. Sie hat sieben Paare kurzer Beine, ernährt sich von Pflanzen und morschem Holz und lebt an kühlen, feuchten Plätzen, etwa unter Steinen und abgefallenen Ästen.

Kellerassel

- 14 mm
- Gärten, Wälder, Ackerland
- altes Laub, morsches Holz, Pilze, Fallobst, tote Tiere und sogar Mist

Kellerassel

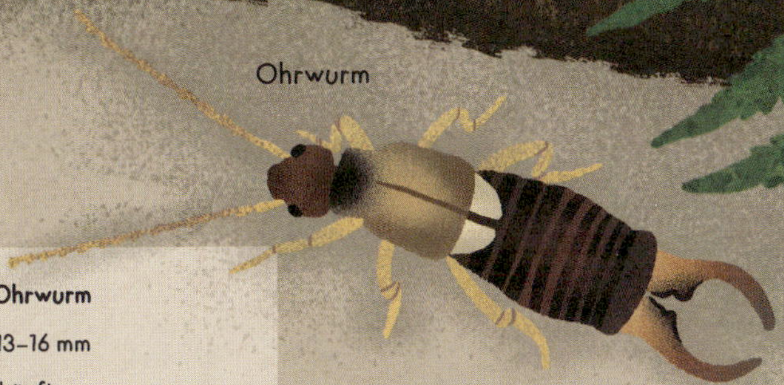

Ohrwurm

- 13–16 mm
- häufig
- Wald, Wiesen, Gärten, Felder
- tote Pflanzen, Blumen, tote Tiere, kleine Insekten

Ohrwurm

Der glänzend braune Ohrwurm ist ein Insekt mit langem Körper, langen Fühlern und Zangen am Hinterleib. Er huscht nachts herum auf der Jagd nach kleinen Insekten. Er frisst aber auch Blumen und abgestorbene Pflanzenteile.

Hundertfüßer

Der Hundertfüßer hat viele Beine. Aber hundert sind es nicht, sondern nur etwa 30, mit zwei Beinen unter jedem Körpersegment. Er kommt nachts aus seinem Versteck, um kleine Insekten oder Spinnen zu jagen. Er kann sehr schnell laufen und hat Giftklauen.

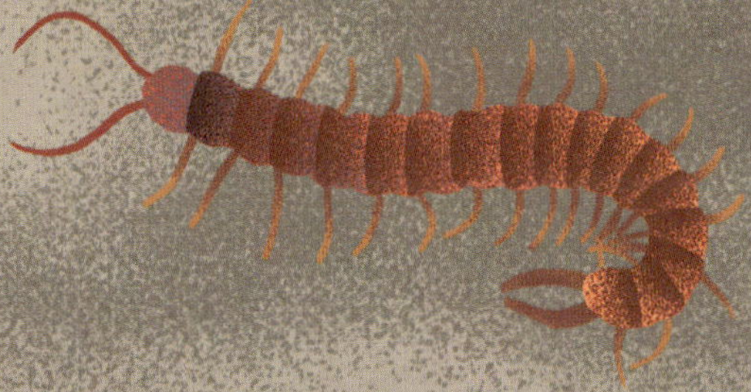

Tausendfüßer

Der Tausendfüßer hat an jedem Segment seines glänzend schwarzen Körpers zwei Beinpaare, insgesamt etwa 100 Beine. Er lebt im Wald und ernährt sich von abgestorbenen Pflanzenteilen.

Weinbergschnecke

Die Weinbergschnecke lebt überall dort, wo es genug Pflanzen zu essen gibt. Sie trägt ein Gehäuse mit sich herum, das ihren weichen Körper schützt. Sie bewegt sich langsam kriechend mit ihrer langen Sohle auf einem Schleimfilm fort. Das Schneckenhaus ist braungrau mit dunklen Mustern, der Körper ist dunkelgrau.

Weinbergschnecke

- 40 mm (Gehäuse)
- häufig
- Gärten, Felder und Wiesen, Hecken
- Pflanzen und Algen

Weinbergschnecke

Schnecken produzieren Schleim, der ihnen das Gleiten über den Boden erleichtert.

Diese Schnecken haben zwei Paare von Fühlern und ihre Augen sitzen am Ende der oberen beiden.

Bänderschnecke

- 20 mm im Durchmesser (Gehäuse)
- häufig
- Felder und Wiesen, Wald, Gärten
- Pflanzen

Bänderschnecke

Bänderschnecke

Das Gehäuse dieser Schnecke hat braune Bänder, die in Spiralen der Gehäuseform folgen. Die Grundfarbe kann braun, gelb oder rosa sein. Der Schneckenkörper ist oft hellgrau. Die Muster auf ihren Gehäusen helfen den Schnecken, sich vor Vögeln zu verstecken. Du findest Bänderschnecken häufig auf feuchten Wiesen.

Nacktschnecke

Die Nacktschnecke ähnelt einer Schnecke ohne Haus und auch sie hinterlässt eine silbrige Schleimspur. Nacktschnecken können schwarz, braun, grau oder orange sein. Sie haben Gartenpflanzen zum Fressen gern, was sie bei Gärtnern unbeliebt macht.

Nacktschnecken knabbern an sichtbaren Pflanzenteilen, aber auch an denen, die im Boden stecken: saftige Blätter von Salaten oder Erdbeerpflanzen über der Erde und Pflanzenwurzeln, wie Kartoffeln, Karotten und Rote Bete im Erdboden.

Jede Nacktschnecke ist männlich und weiblich zugleich.

Nacktschnecke

Nacktschnecke

- bis zu 14 cm
- häufig
- Gärten, Wälder
- Pflanzen, vor allem abgestorbene; tote Tiere, Dung

Sie haben ein großes Atemloch direkt hinter ihrem Kopf.

Bei kaltem Wetter bleiben die Nacktschnecken unter der Erde.

Miesmuschel

Die Miesmuschel hat ein dunkles Gehäuse, das blauschwarz, purpurrot oder braun sein kann. Es besteht aus zwei Teilen, die durch einen starken Muskel miteinander verbunden sind. Im Innern steckt ein weicher orangefarbener oder beiger Körper. Die Miesmuschel lebt im Meer.

Miesmuschel

- 3–10 cm im Durchschnitt
- häufig
- felsige, sandige oder schlammige Küsten, flache Meeresabschnitte
- Plankton und andere winzige Tiere

Miesmuschel

Miesmuscheln heften sich an Felsen mit sehr dünnen und sehr starken Fäden, die man Bart nennt.

Gemeine Napfschnecke

Das Gehäuse der Napfschnecke sieht wie ein breiter Zuckerhut mit Längsrillen aus. Sie lebt an felsigen Küsten und klammert sich mit ihrer Sohle so fest an den Fels, dass man sie kaum abbekommt. Nachts kriecht sie über den Felsen und raspelt die darauf wachsenden Algen ab.

Gemeine Napfschnecke

Gemeine Napfschnecke

- 4 cm
- häufig
- Felsküsten
- Algen

Nordische Purpurschnecke

Die Nordische Purpurschnecke ist klein, mit einem an beiden Enden spitz zulaufenden, ovalen Gehäuse. Sie kann weiß, braun oder gelb sein. Direkt über ihrem Kopf hat sie ein Röhrchen, durch das sie ihre Beute riecht. Wenn sie ein Beutetier gefunden hat, bohrt sie ein Loch in sein Gehäuse und isst das weiche Tier von innen auf.

Nordische Purpurschnecke

- 3–6 cm
- häufig
- Meeresküste
- Muscheln, Seepocken

Kreiselschnecke

Die Kreiselschnecke ist eine farbenfrohe kleine Meeresschnecke. Ihr spiralförmig gedrehtes Gehäuse ist gelb oder rosa und hat weiße oder rosafarbene Streifen.

Diese Tiere werden Mollusken genannt. Das bedeutet, dass sie weiche Körper und harte Schalen haben. Die Muscheln, die du am Strand findest, sind die harten Überreste der Weichtiere.

Schwertmuschel

Die Schwertmuschel hat ein langes, dünnes, etwas eckiges Gehäuse und erinnert an ein gebogenes Schwert. Sie besitzt einen muskulösen Grabfuß, mit dem sie sich schnell im Sand oder Schlamm eingraben kann.

Seepocke

Die Seepocke hat ein helles, kegelförmiges Gehäuse. Sie heftet sich fest an einen Felsen oder ein Schalentier und hält diese Verbindung ein Leben lang. Seepocken fressen, indem sie oben ihre Schalen öffnen und mit feinen Haaren an ihren Fangfüßen winzige Lebewesen aus dem Wasser filtern.

Seepocken findest du auf Felsen, auf einem Bootsanleger, an Schiffen oder auf Meerestieren.

Klippenassel

Sie ähnelt einer Kellerassel, ist mit ihren 3 Zentimetern aber viel größer. Tagsüber versteckt sie sich in Felsspalten. Nachts macht sie sich über die Reste von Tieren und Pflanzen her. Mit ihrem flachen Körper passt sie in fast jede Ritze.

Strandfloh

Der Strandfloh ist ein kleiner, blasser Flohkrebs, der unter Steinen und in angespülten Algenhaufen am Strand lebt. Wenn man ihn aufschreckt, springt er auf seinen langen Hinterbeinen hoch in die Luft.

Sägegarnele

Die Sägegarnele lebt in Gezeitentümpeln, ist aber schwer zu entdecken, weil sie fast durchsichtig ist. Sie hat rotbraune Linien auf ihrem Körper und lange Fühler. Sie kann sehr schnell schwimmen. Manchmal sieht man sie auch auf dem Boden ihres Felsbeckens umherspazieren.

Nordseegarnele

Die Nordsee- oder Sandgarnele findet man in geschützten, flachen Gewässern, vor allem in sandigen Flussmündungen. Sie hat einen transparenten und braungefleckten Körper und kann, je nach Umgebung, ihre Farbe verändern.

Strandkrabbe

Die Strandkrabbe hat einen breiten, glatten Panzer und große, starke Scheren. Es gibt sie in vielen Farbvarianten, unter anderem in bräunlich-grün oder orangebraun. Sie versteckt sich oft unter Steinen in Felsbecken und kommt nur zum Jagen heraus. Wie die meisten Krabben läuft sie seitwärts.

Strandkrabbe

- 9 cm
- häufig
- Felsbecken, Flussmündungen, Wattenmeer, flache Meeresküste
- Seetang, Muscheln, Seepocken, kleinere Krabben

Strandkrabbe

Bei Gefahr kann die Strandkrabbe eine Schere abwerfen, die ihr dann später wieder nachwächst.

Einsiedlerkrebs

Der Einsiedlerkrebs sucht sich eine verlassene Muschel und richtet sich darin häuslich ein. Die Gehäuse von Wellhornschnecken sind ihm am liebsten. Der Einsiedlerkrebs hat rötliche Beine und Scheren, die, genau wie bei anderen Krabben, sehr groß und kräftig sind.

Manchmal muss ein Einsiedlerkrebs sein Haus gegen diebische Artgenossen verteidigen.

Einsiedlerkrebs

- 3,5 cm (Körper)
- häufig
- Gezeitentümpel, flache Küstengewässer
- tierische und pflanzliche Überreste, kleine Mollusken

Einsiedlerkrebs

Hummer

Dieses große blauschwarze Schalentier hat zwei sehr lange, rote Fühler und einen flachen Körper. Seine Scheren sind riesig und unterschiedlich groß. Mit der größeren Schere hält er seine Beute fest, die andere benutzt er zum Zerkleinern. Der Hummer lebt in Felsspalten im flachen Küstengewässer.

Hummer

- bis zu 50 cm
- häufig
- flaches Küstenmeer
- Fische, Mollusken, Seeigel, Krabben

Hummer

Ein Hummer kann mehr als 15 Jahre alt werden.

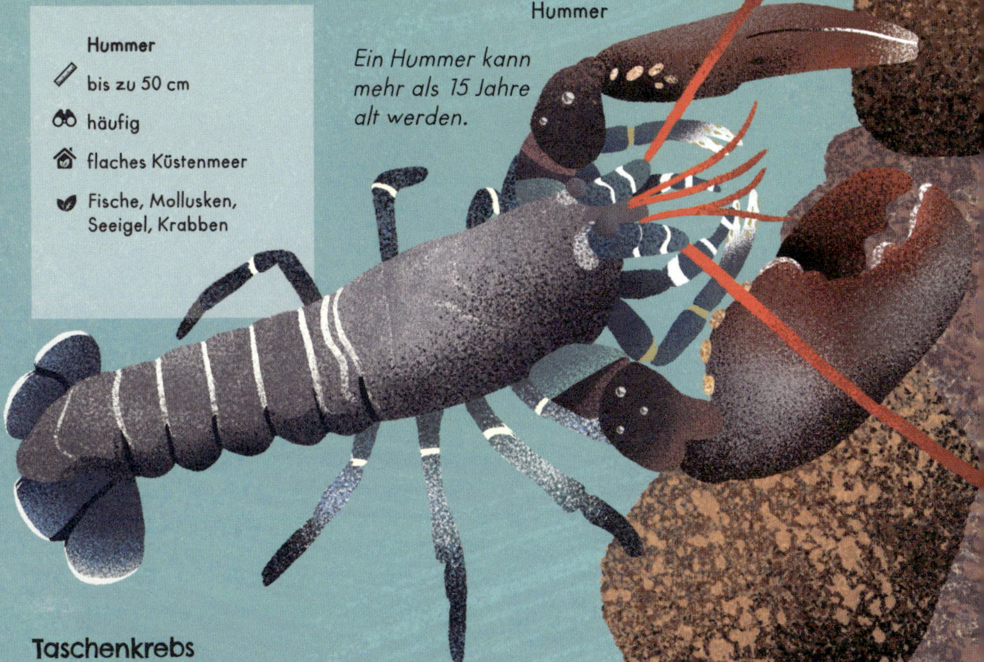

Taschenkrebs

Der Taschenkrebs hat einen großen, breiten braunen Panzer und die Spitzen seiner Scheren sind schwarz. Er wird bis zu viermal so groß wie eine Strandkrabbe. Sein Panzer ist am Rand gewellt, ein bisschen wie ein Tortenboden.

Purpurrose

Die Purpurrose ist ein kleines Blumentier, hat einen weichen Körper und ganz viele Tentakel, die brennendes Nesselgift absondern, um Beutetiere zu fangen. Sie ist leuchtend rot oder grün und hat einen blauen Punkt unter jedem Tentakel. Bei Ebbe zieht sie ihre Tentakel nach innen. Zurück bleibt dann nur ein glatter Knubbel.

Purpurrose

Purpurrose

- 5 cm im Durchmesser
- häufig
- Felsbecken
- Garnelen, Krabben, kleine Fische, andere Bewohner des Gezeitentümpels

Seeigel

- bis zu 5 cm im Durchmesser
- häufig
- flaches Küstengewässer, Tiefsee
- Algen, Schwämme, Seepocken, Muscheln, Würmer

Seeigel

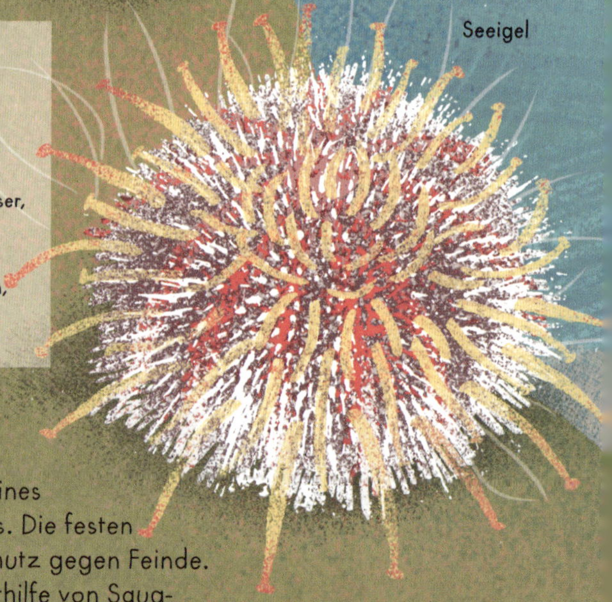

Seeigel

Der Seeigel hat die Form eines zusammengedrückten Balls. Die festen Stacheln sind ein guter Schutz gegen Feinde. Ein Seeigel bewegt sich mithilfe von Saugnäpfen unter seinem Bauch langsam über den felsigen Untergrund und frisst dabei Algen und alle Kleintiere, die er unterwegs findet.

Es ist gut möglich, dass du das Seeigelskelett am Strand findest. Das ist ein hartes, rundliches Gehäuse mit kleinen, pockenartigen Erhebungen.

Ohrenqualle
- 5–40 cm im Durchmesser
- häufig
- offene See
- Plankton

Ohrenqualle

Die Ohrenqualle hat einen durchsichtigen Körper, der wie ein halbrunder Regenschirm aussieht. Auf dem Schirm hat sie vier Kreise und von seinem Rand hängen Hunderte von Tentakeln hinab. Damit fängt sie ihre Beute. Manchmal kann man die Ohrenquallen direkt unter der Wasseroberfläche treiben sehen.

Quallen haben kein Gehirn, kein Herz und kein Blut.

Seestern
- 10–30 cm
- häufig
- Gezeitentümpel, offene See
- Muscheln, Krebstiere

Seesterne gehören zu einer Gruppe von Tieren mit weichen Körpern und stacheliger Haut, die Stachelhäuter genannt werden.

Seestern

Der Seestern hat fünf dicke Arme, mit denen er wie ein Stern aussieht. Er ist rot oder orange und mit kleinen weißen Stacheln bedeckt. Dieser Räuber lebt in Felsenbecken und am Meeresgrund und fängt Muscheln und andere Schalentiere, die er mit seinen starken Armen knackt.

Seesterne haben kräftige Saugfüße, mit denen sie sich an Felsen festhalten können.

Weißbirke

Die Weißbirke hat ihren Namen von ihrer silbrig-weißen Baumrinde. Die Rinde ist schuppig und pellt sich vom Stamm in papierähnlichen Streifen ab. Der Baum hat dünne, herabhängende Zweige, voller kleiner dreieckiger Blätter mit gezackten Rändern. Im Frühjahr bekommt die Birke Blüten, die man unter dem Namen „Kätzchen" kennt.

Weißbirke

Die Rinde der Weißbirke wurde jahrhundertelang als Papier benutzt.

Weißbirke
- bis zu 30 m
- häufig
- Wälder, Städte und Dörfer, Gärten, Heidemoore, Graslandschaften

Rotbuche

Rotbuche
- bis zu 40 m
- häufig
- Wälder, Gärten

Rotbuche

Die Rotbuche ist ein großer Baum mit breiter Krone. Ihre ovalen Blätter sind an den Rändern leicht gewellt. Im Sommer sind Buchen kräftig grün, im Herbst kupferbraun. Ihre Früchte, die Bucheckern, sind ein wichtiges Winterfutter für viele Tierarten.

Bucheckern sind dreieckige Nüsse, die in stachligen Hülsen stecken.

Hainbuche

Die ovalen Blätter der Hainbuche sind geriffelt. Man findet Hainbuchen häufiger in alten Wäldern, vor allem dort, wo viele Eichen wachsen. Sie gehören – trotz des Namens – zu den Birkengewächsen. Als Früchte tragen sie kleine Flügelnüsse.

Hainbuche

Hainbuche

- bis 30 m
- häufig
- Wälder, Parks

Esche

Die Esche ist ein hoher Baum mit einer hellgrauen Rinde. Ihre Blätter kommen im Mai und bestehen aus mehreren langen, schlanken Einzelblättern. Im Herbst und Winter trägt sie geflügelte Früchte, die in kleinen Bündeln wachsen.

Esche

Esche

- bis 15–35 m
- häufig
- landwirtschaftliche Flächen, Wälder, Städte und Dörfer

Eiche
- 20–40 m
- häufig
- Wälder, Parks

In Eichen sind so viele verschiedene Tierarten zu Hause wie in keiner anderen bei uns heimischen Baumart.

Eiche

Die Eiche hat einen dicken Stamm und eine breite Krone mit vielen kräftigen Ästen. Eichen gehören zu den größten Bäumen im Wald und können Hunderte von Jahren alt werden. Ihre Blätter mit den vielen Einbuchtungen erkennt fast jeder. Im Herbst ist der Boden unter einer Eiche mit ihren Früchten, den Eicheln, bedeckt. Sie sitzen in kleinen schuppigen Hütchen, die an langen Stielen baumeln.

Holz ist das harte und feste Material im Innern eines Baumes.

Bäume sind so etwas wie große Atemmaschinen. Sie geben Sauerstoff an die Luft ab, den wir alle zum Atmen brauchen.

Früher wurden Schiffe oft aus Eichenholz gebaut. Für ein großes Schiff brauchte man etwa 6 000 Eichen

Vogelkirsche

Die Vogelkirsche ist im Frühling von einer prächtigen Blütenwolke umhüllt. Die Blüten erscheinen noch vor den ovalen, glattrandigen Blättern. Der Baum hat eine rötlichbraune Rinde und die Blattstiele sind rot.

Weißdorn

Der Weißdorn hat spitze Dornen und wächst oft in Hecken. Seine cremeweißen Blüten erscheinen im Mai. Die Blätter haben mehrere tiefe Einbuchtungen. Im Herbst trägt er rote Früchte, die bei Vögeln sehr beliebt sind.

Stechpalme

Die Stechpalme ist für ihre stacheligen Blätter und hellroten Früchte bekannt. Für Menschen sind die Früchte giftig, aber viele Vögel lieben sie. Die Stechpalme ist immergrün, das heißt, sie behält ihre Blätter das ganze Jahr über.

Hasel

Der Haselnussstrauch wächst im Wald oder im Garten. Seine großen runden Blätter sind Nahrung für Raupen. Vögel finden zwischen seinen dichten Zweigen Schutz. Im Herbst sind die Nüsse ein Leckerbissen für viele Tiere – und für uns!

Weide

Die Grauweide hat lange, dünne Blätter. Sie wächst in feuchten Wäldern und an Ufern von Flüssen und Teichen. Ihre Frühlingsblüten sind die streichelzarten Weidenkätzchen. Es gibt aber noch viele andere Weidenarten.

Eberesche

Die Eberesche oder Vogelbeere ist ein robuster kleiner Baum mit gefiederten Blättern. Im Herbst trägt sie knallrote Früchte. Sie fühlt sich sogar auf windigen Hügeln wohl, deswegen kommt sie, anders als die meisten Laubbäume, noch in höheren Berglagen vor.

Bergahorn

Der Bergahorn ist ein großer Baum, mit dicken und dunkelgrünen Blättern, die größer sind als deine Hand. Mit ihren fünf „Fingern" sehen sie sogar ein wenig wie eine Hand aus. Ihre Samen haben Flügel, um sich vom Wind forttragen zu lassen. Im Flug drehen sich die Flügelnüsse wie der Propeller eines Hubschraubers.

Bergahorn

Bergahorn

- bis zu 35 m
- häufig
- Parks, Wegränder, Wälder

Alle Vertreter der Ahornfamilie haben im Herbst eine wunderschöne Laubfärbung. Ihre Blätter können leuchtend rot, orange, gelb und sogar violett sein.

Feldahorn

Der Feldahorn ist klein und hat mittelgroße Blätter mit fünf abgerundeten Spitzen. Im Sommer sind sie dunkelgrün und werden goldgelb im Herbst. Ihre Nüsschen wachsen in Paaren und haben Flügel wie die vom Bergahorn.

Rosskastanie

Die riesige Rosskastanie hat große Blätter, die aus fünf bis sieben einzelnen Blättchen bestehen. Im Frühjahr bekommt sie Blüten, die wie Kerzen aufrecht auf den Zweigen sitzen. Im Herbst reifen ihre glatten, glänzenden Früchte, die Kastanien, in stacheligen Hüllen heran.

Rosskastanie

Rosskastanie

- bis 40 m
- häufig
- Parks, Gärten, Straßenränder

Rosskastanien leiden derzeit unter zwei schweren Krankheiten. Botaniker versuchen alles, um ihnen zu helfen.

Für uns Menschen sind Maronen essbar, nicht aber Rosskastanien.

Esskastanie

Die Esskastanie oder Marone ist ein großer, breiter Baum. Sie hat lange Blätter mit gezahnten Rändern. Die Schalen ihrer Früchte sind nicht so piksig wie die der Rosskastanie.

Kiefer

Die Kiefer ist eine Konifere. Das bedeutet, dass ihre Samen in harten, schuppigen Früchten, den Zapfen, wachsen. Wie die meisten Koniferen trägt sie dünne, spitze Nadeln statt Blätter. Die Kiefernnadeln wachsen paarweise an kurzen Trieben. Die Baumrinde ist grau am Stamm und rötlich braun an den Ästen.

Eine Kiefer kann sehr alt werden – bis zu 700 Jahre!

Auf einer Kiefer können mehr als 170 Insektenarten leben und dort Nahrung und Wohnung finden.

Kiefer
- bis zu 40 m
- häufig
- Wälder

Fichte

Die Fichte ist ein Nadelbaum, der die Form eines hohen Dreiecks hat. Sie ist immergrün, wirft ihre kurzen Nadeln also nicht ab. Ihre Zapfen bestehen aus rautenförmigen Schuppen. Sie hängen vom Ast herab, anders als Tannenzapfen, die auf den Zweigen stehen.

Eibe

Die Eibe ist ein Nadelbaum mit breiten, weichen und dunkelgrünen Nadeln und einer hellbraunen, schuppigen Rinde. Ihre beerenartigen Früchte sind hellrot. Eiben können sehr lange leben. Es gibt sogar einige, die über eintausend Jahre alt sind. Alle Teile dieser Pflanze sind giftig.

Eibe
- bis zu 20 m
- häufig
- Wälder, Parks, Städte

Fichte
- bis zu 40 m
- häufig
- Wälder

Schneeglöckchen

Das Schneeglöckchen gehört zu den ersten Blumen, die am Ende des Winters sprießen. Manchmal müssen ihre weißen, nickenden Köpfe noch eine dünne Schneedecke durchstoßen. Jede der glöckchenförmigen Blüten hat grün gemusterte Ränder an den inneren Blütenblättern und lange, dünne graugrüne Blätter.

Schneeglöckchen

- bis 20 cm
- Januar–März
- Wälder, Gärten, Wegränder

Schneeglöckchen

Primel

- bis zu 10 cm
- Januar–Juni
- Wälder, Buschwerk

Primel

Die blassgelbe Primel wächst auf schattigem Waldboden in kleinen Büscheln mit anderen Primeln zusammen. Ihre hellgrünen Blätter sind leicht gewellt. Jede Blume hat eine goldgelbe Mitte, die von fünf cremefarbenen, herzförmigen Blütenblättern umgeben ist.

Primeln haben nur eine Blüte an jedem Blütenstängel.

Alle hier gezeigten Pflanzen sind Waldblumen, die im Frühling aus dem Boden sprießen.

Primel

Scharbockskraut

5–25 cm

Februar–März

häufig

Wälder, Wiesen, Hecken

Das Scharbockskraut zählt zu den Hahnenfußgewächsen, hat aber mehr Blütenblätter, die länglich sind und spitz zulaufen.

Scharbockskraut

Scharbockskraut

Die leuchtend gelben Blütenblätter des Scharbockskrauts sind sternförmig angeordnet. Die kleine Blume hat glänzende dunkelgrüne Blätter in Herzform. Ihre Blüten öffnen sich bei Sonnenaufgang und schließen sich, wenn die Sonne untergeht. Sie bildet goldene Blütenteppiche auf schattigen Waldböden.

Buschwindröschen

Das Buschwindröschen hat weiße, sternförmige Blüten aus je sechs Blütenblättern, die eine leuchtend gelbe Mitte umgeben. Es wendet seine Blüte der Sonne zu und folgt ihrem Verlauf. Ist es bedeckt, bleibt sie geschlossen.

Hain-Veilchen

Das Hain-Veilchen hat violette Blüten aus je fünf Blütenblätter, die zur orangefarbenen Mitte hin blasser werden. Seine Blätter sind herzförmig. Es wächst zwischen Büschen, auf Wiesen und in lichten Wäldern.

Fingerhut

Der Rote Fingerhut ist eine hohe Pflanze. Die Blüten wachsen dicht gedrängt am Stiel. Jedes der purpurroten bis violetten Glöckchen hat dunkle Punkte am unteren Rand, die Bienen ins Blüteninnere locken. Alle Teile des Fingerhuts sind sehr giftig.

Fingerhut
- 50–150 cm
- Juni–September
- häufig
- Wälder, Wegränder, Lichtungen

Wilde Hasenglöckchen sind recht selten, da es immer weniger Waldgebiete gibt und weil sich die wilden Arten mit den Zuchtvarianten kreuzen.

Hasenglöckchen

Die glockenförmigen Blüten der Hasenglöckchen haben eine kräftig blaue Färbung. Auf jedem Stiel wachsen etwa 20 Glöckchen. Hasenglöckchen haben lange, dünne und glänzende Blätter. In manchen Wäldern ist der Boden im Spätfrühling über und über mit diesen tiefblauen Blumen bedeckt.

Hasenglöckchen
- 20–50 cm
- April–Juni
- Wälder

Hasenglöckchen können auch weiß oder rosa sein.

Heckenrose

Die Heckenrose ist eine Kletterpflanze mit dunkelgrünen Blättern und spitzen Dornen. Ihre Blüten sind zartrosa oder weiß und duften süßlich. Die Früchte der Heckenrose sind orangerot und werden Hagebutten genannt.

Stinkender Storchschnabel

Der Stinkende Storchschnabel hat kleine rosa Blüten, rötliche Stiele und rote gefiederte Blätter. Er wächst an schattigen Orten. Jede Blüte hat fünf runde Blütenblätter, die um eine Spitze gruppiert sind.

Alle hier gezeigten Wildblumen wachsen in Wäldern und blühen im späten Frühling bis Sommer.

Bärlauch

Der Bärlauch wächst an feuchten, bewaldeten Stellen im späten Frühling. Er hat breite und lange Blätter, die stark nach Knoblauch riechen. Seine kleinen weißen und sternförmigen Blüten wachsen in Gruppen an langen Stielen.

Gänseblümchen

Das Gänseblümchen hat viele kleine, feine Blütenblätter um eine gelbe Mitte herum. Die dünnen weißen Blütenblätter färben sich zum Rand hin rosa. Um die geraden Blütenstiele herum wachsen Büschel von löffelförmigen Blättern. Du findest Gänseblümchen fast überall und fast das ganze Jahr über.

Gänseblümchen

- 4–12 cm
- ganzjährig
- häufig
- Gärten, Parks, Wiesen und Felder

Gänseblümchen öffnen ihre Blüten am Tag und schließen sie, wenn es Nacht wird.

Gänseblümchen

Weißklee

Der Weißklee hat kugelige Blütenköpfchen. Sie wachsen aus niedrigen Blätterbüscheln an kurzen Stielen in die Höhe. Die Blätter bestehen aus drei herzförmigen Einzelblättchen, die ein gelbliches Muster haben. Die Blüten sind reich an Nektar.

Weißklee

- bis 40 cm
- Mai–Oktober
- häufig
- Gärten, Wiesen, Felder, Straßenränder

Ganz selten hat ein Kleeblatt vier Einzelblättchen anstelle von drei. Wer so eins findet, ist ein Glückspilz!

Weißklee

Wiesenklee

Der Wiesen- oder Rotklee ist höher als der Weißklee und hat rote bis lilafarbene Blüten. Seine Blätter sind auch dreigeteilt, aber die einzelnen Blättchen sind spitzer.

Alle hier gezeigten Blumen sind Wildblumen, die man häufig in unseren Gärten findet.

Der Name Löwenzahn bezieht sich auf die Form seiner Blätter.

Löwenzahn

Löwenzahnstängel sind hohl und geben einen milchigen Saft ab, wenn die Blume gepflückt wird.

Löwenzahn

- 4–40 cm
- März–Oktober
- häufig
- Gärten, Wiesen, Feldränder, Brachflächen

Löwenzahn

Der Löwenzahn trägt leuchtend gelbe Blüten auf hohen, geraden Stängeln. Seine Blätter sind tief und spitz gezahnt. Wenn der Löwenzahn verblüht, bekommt er einen fluffig-weichen Samenkopf, den du als Pusteblume kennst. Jeder der vielen winzigen Samen hat weiße Härchen, die ihn forttragen, wenn der Wind weht.

Kriechender Hahnenfuß

Der Hahnenfuß hat glänzende gelbe Blüten, die auf langen, geraden Stielen sitzen. Fünf runde Blütenblätter formen einen offenen Kelch. Eine Kolonie des Kriechenden Hahnenfußes kann eine ganze Wiese zum Leuchten bringen.

Kriechender Hahnenfuß

Kriechender Hahnenfuß

- bis zu 100 cm
- April–Oktober
- häufig
- Gärten, Parks, Graslandschaften, Ackerland

Klatschmohn

Klatschmohn wächst auf Feldern oder an Wegrändern. Die runde Blüte hat vier glänzend rote Blütenblätter und eine schwarz gemusterte Mitte. Der Stängel ist behaart, die Blätter sind rau und borstig. Wenn die Blütenblätter abfallen, sieht der Samenkopf, der Tausende Samen enthält, wie ein Salzstreuer aus.

Mohnblüten fallen schon nach zehn Tagen ab, aber eine Pflanze produziert in einem Sommer über 400 Stück davon.

Klatschmohn

- 20–60 cm
- Juni–Oktober
- häufig
- Ackerland, Wiesen, Felder, Wegränder

Klatschmohn

Schlüsselblume

Die zierliche gelbe Schlüsselblume hat mehrere kleine Blüten am Ende eines hohen, geraden Stängels. Die Blüten ähneln Primeln und bestehen aus einem blassgrünen Kelch, in dem hellgelbe Blütenblätter stecken. Sie ist mit der Primel verwandt und hat deshalb die gleichen runzeligen, ovalen Blätter. Schlüsselblumen blühen im Frühling.

Schlüsselblume

Alle hier gezeigten Blumen wachsen auf grasigen Flächen, Blumenwiesen und Weideland.

Schlüsselblume
- bis 25 cm
- April–Mai
- Wiesen, Wälder

Männertreu

Der Männertreu ist eine intensiv blau blühende Blume. Sie hat vier blaue Blütenblätter an jeder Blüte, mit einem weißen Ring in der Mitte und zwei weißen Staubblättern.

Wiesenwitwenblume

Die Wiesenwitwenblume blüht lila. Jeder Blütenkopf, der an ein Nadelkissen erinnert, besteht aus bis zu 50 winzigen Einzelblüten. Von ihrem Nektar und ihren Blättern können sehr viele Insekten leben.

Rote Lichtnelke

Rote Lichtnelke

- bis 100 cm
- Mai–September
- häufig
- Wälder, Hecken, Wegränder, Wiesen

Rote Lichtnelke

Die Rote Lichtnelke hat pinkrote Blüten mit je fünf Blütenblättern. Jedes Blütenblatt ist gespalten und in der Mitte der Blüte ist ein weißer Ring. Die Pflanze hat spitze Blätter und einen behaarten Stiel. Sie wächst auf Wiesen und in Wäldern.

Wiesenmargerite

Die Wiesenmargerite sieht wie ein Riesengänseblümchen aus. Wie ihre kleinere Cousine hat auch die Wiesenmargerite weiße Blüten mit einer gelben Mitte, die stolze 6 cm im Durchmesser haben können.

Wiesenmargerite

Wiesenmargerite

- 20–70 cm
- Mai–September
- häufig
- Wiesen, Wälder, Wegränder, Brachland

Wiesenkerbel

Die Blüten des Wiesenkerbels sehen aus wie große, zarte Schneeflocken, die sich auf die gefiederten grünen Blätter gesetzt haben. Die Blütenköpfe bestehen aus vielen winzigen Blüten, die sich wie kleine Schirmchen um den Pflanzenstiel gruppieren. Alle möglichen Tiere, vom Aurorafalter bis zum Kaninchen, ernähren sich gerne vom Wiesenkerbel.

Wiesenkerbel

- 60–100 cm
- April–Juni
- häufig
- Hecken, Wiesen, Felder und Äcker, Wälder, Wegränder

Wiesenkerbel

Alle hier gezeigten Blumen wachsen an Wald- und Wegrändern und überall dort, wo es Felder und Blumenwiesen gibt.

Gefleckter Aronstab

Der Gefleckte Aronstab sieht sehr ungewöhnlich aus. Seine Blüte besteht aus einem purpurfarbenen Kolben, der von einer grünlich-gelben, spitz zulaufenden Kapuze umgeben ist. Im Herbst trägt er giftige rote Beeren.

Vergissmeinnicht

Das Vergissmeinnicht ist eine kleine blaue Blume, die an trockenen, sonnigen Orten wie Blumenwiesen und in lichten Wäldern wächst. Jedes Einzelblümchen hat kleine blaue Blütenblätter und ein gelbes Auge in der Mitte. Ihre Blätter sind graugrün, länglich und behaart.

Geflecktes Knabenkraut

Das Gefleckte Knabenkraut hat einen hohen und geraden Blütenstängel. Jede der vielen Einzelblüten ist purpurn bis violett und hat ein Muster aus violetten Streifen und Schleifen. Die Blätter des Knabenkrauts sind lang und dünn, mit dunklen Flecken.

Alle hier gezeigten Blumen wachsen in Moor- und Heidelandschaften.

Rundblättriger Sonnentau

Der sumpfige Boden, auf dem der Sonnentau wächst, hat nicht alle Nährstoffe, die er braucht, also fängt er Insekten, um diesen Mangel auszugleichen. Er hat kleine, runde und rote Blätter, die mit klebenden Tröpfchen und Härchen bedeckt sind. Damit fängt die Pflanze kleine Insekten und verdaut sie dann. Sonnentau bildet im Sommer kleine weiße Blüten aus.

Rundblättriger Sonnentau

- bis 20 cm
- Juni–August
- häufig
- Sümpfe, Heidelandschaften, Moore

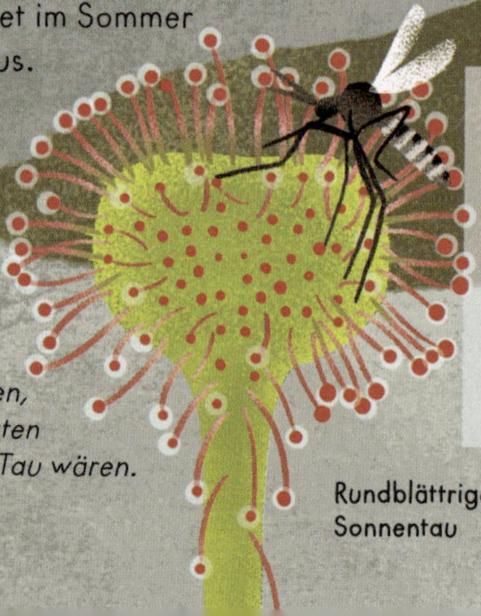

Rundblättriger Sonnentau

Sonnentau-Pflanzen heißen so, weil die Menschen früher dachten, dass die klebrigen, Insekten anlockenden Tröpfchen Tau wären.

Stechginster

Der Stechginster ist ein großer, stacheliger, immergrüner Strauch, der in Mooren, auf Heiden, an Küsten und in anderen naturbelassenen Landschaften wächst, oft neben Heidekraut. Er trägt stachelige Blätter und blüht leuchtend gelb.

Stechginster

- bis zu 2 m
- normalerweise Januar–Juni, kann aber auch das ganze Jahr blühen
- Hochmoore, Heidelandschaften, Küsten, Sanddünen

Heidekraut

Das Heidekraut ist eine der bekanntesten Pflanzen des Heidemoors. Im Sommer, wenn die Heide blüht, färben sich ganze Landstriche purpurrot. Das Heidekraut hat steife, nach oben wachsende Stiele, an denen dünne, nadelähnliche Blätter und unzählbar viele rosa bis purpurfarbige Blüten wachsen.

Heidekraut

- bis 60 cm
- April–Oktober
- häufig
- Hochebenen, Sümpfe, Heidelandschaften

Schmalblättriges Weidenröschen

Das Schmalblättrige Weidenröschen ist eine große Pflanze mit dunkelrosa Blüten. Sie haben jeweils vier Blütenblätter und wachsen zu mehreren auf hohen, geraden Blumenstielen. Die Blätter sind dünn und spitz.

Schmalblättriges Weidenröschen

- bis zu 200 cm
- Juni–September
- häufig
- Waldlichtungen, Flussufer, Brachland

Schmalblättriges Weidenröschen

Das Schmalblättrige Weidenröschen ist eine Pionierpflanze, die nach einem Waldbrand oft als Erste wieder auftaucht.

Gewöhnliche Kratzdistel

- bis zu 150 cm
- Juli–Oktober
- häufig
- Graslandschaften, Brachen

Jeder Distelsamen funktioniert wie ein kleiner Fallschirm.

Gewöhnliche Kratzdistel

Gewöhnliche Kratzdistel

Die Gewöhnliche Kratzdistel hat eine Menge Dornen auf ihren Blättern und auf dem Stiel. Sie hat krüftig purpurrote, flauschige Blütenköpfe, die auf stacheligen Bällen sitzen. Die Dornen schützen die Distel vor Tieren, die sie fressen möchten. Aus den Blütenköpfen werden Samenknäuel mit haarigen Samen, die der Wind davonträgt.

Brennnessel

Die Brennnessel hat paarweise angeordnete, spitz zulaufende, herzförmige Blätter und herabhängende Büschel kleiner, blassgrüner Blüten. Die Blätter und der Stiel sind von Härchen bedeckt, die Tiere und Menschen unangenehm stechen können. Brennnesseln gehören zu den wichtigsten Pflanzen in jedem Habitat.

Brennnessel

Alle hier gezeigten Blumen wachsen in verschiedenen Lebensräumen, aber insbesondere auf verwilderten Brachflächen.

Brennnessel

- 30–150 cm
- Juni–September
- häufig
- Gärten, Weiden, Wälder, Böschungen, Wegränder, Brachen

Karde

Die Karde ist eine sehr große, stachelige Pflanze. Sie hat Stacheln auf ihrem Stängel und um die Blütenköpfe herum, die selbst auch stachelig sind. Die Blütenköpfe sind im Sommer von violetten Einzelblüten bedeckt und werden im Herbst und Winter braun.

Wilde Malve

Die Wilde Malve hat pinkfarbene Blüten mit purpurroten Streifen auf jedem der fünf Blütenblätter. Sie wird bis zu 150 cm groß.

Blasentang

Blasentang ist grün oder schwarz und überall mit kleinen, runden Knubbeln, den Blasen, bedeckt. Die Bläschen sind mit Luft gefüllt und helfen der Alge, senkrecht im Wasser zu treiben. Sie erinnern ein bisschen an Knallfolie! Der Blasentang hält sich mit seiner wurzelähnlichen Haftplatte am felsigen Untergrund fest.

Algen sind keine Pflanzen. Sie gehören zu einer eigenen Gruppe von pflanzenähnlichen Lebewesen.

Hirschzungenfarn

Der Hirschzungenfarn hat hellgrüne, lange Blätter. Er wächst auf feuchten, schattigen Plätzen. Farne haben keine Blüten und statt Samen haben sie Sporen, die in braunen, länglichen Päckchen auf der Unterseite der Blätter, der Farnwedel, sitzen.

Wurmfarn

Der Wurmfarn hat zarte, federig-leichte Blätter. Er wächst an feuchten, schattigen Orten wie zum Beispiel im Wald, im Gebüsch oder in Gräben. Seinen Namen hat der giftige Farn daher, weil er früher als Medizin gegen Würmer bei Tieren, aber auch bei Menschen benutzt wurde.

Moos

Moose wachsen in dichten Büscheln am liebsten dort, wo es feucht und schattig ist. Sie haben keine Blüten, keine Samen und oft keine richtigen Wurzeln und nehmen alles Wasser über ihre Blätter auf. Manchmal bilden sie flauschige Teppiche auf dem Waldboden oder dicke grüne Polster auf Ästen und Steinen.

Birkenporling

Der Birkenporling ist auf der Oberseite hellbraun, auf der Unterseite weiß und schwammähnlich. Er wächst an alten, kränklichen oder abgestorbenen Bäumen, vor allem an Birken.

⚠ Fliegenpilz

Der Fliegenpilz ist ein Giftpilz. Er ist rot mit weißen Tupfen, hat einen schirmförmigen Pilzkopf und einen dicken weißen Pilzfuß. Typisch ist auch eine Manschette um den Stiel, dicht unter dem Schirm. Er wächst in Wäldern und auf Wiesen, oft in der Nähe von Birken oder Kiefern. Er ist extrem giftig.

Zu den Pilzen zählen auch Schimmel- oder Hefepilze.

Schopftintling

Der Schopftintling ist ein länglicher Giftpilz mit einem weißen, schuppig aussehenden Hut und einer tintenschwarzen Hutkrempe. Er hat eine Manschette um seinen Stiel und wächst auf Wiesen, in Parks und an Wegrändern.

BEOBACHTE DIE VÖGEL!

Was sind Vögel?

Eine Klasse der Wirbeltiere haben wir bislang noch ausgespart, die Vögel. Ihrer faszinierenden Vielfalt ist der zweite Teil dieses Buches gewidmet, vom kleinen Spatz bis zum Steinadler, von der Felsentaube bis zum Wiedehopf.

Die meisten der vorgestellten Arten sind bei uns heimisch, andere kommen nur zu Besuch auf ihren jährlichen Wanderungen vorbei und ein paar wenige sind zwar bei uns nie zu sehen, aber so interessant, dass man trotzdem über sie Bescheid wissen sollte.

Vögel können sehr unterschiedlich sein. Zu ihren gemeinsamen Merkmalen zählen Flügel, Federn und ein Schnabel. Viele, aber nicht alle, können fliegen. Weltweit gibt es etwa 18 000 faszinierende Vogelarten.

Was du brauchst?

Viele Vögel lassen sich gut beobachten. Alles was du brauchst, ist gute Sicht, ein Fernglas und etwas Geduld. Vielleicht kannst du an einer Vogelzählaktion mitmachen und so als Umweltschützer tätig werden?

DIE BUNTE WELT DER VÖGEL

Ob du in einer großen Stadt, einem kleinen Ort oder auf dem Land lebst – wenn du aus dem Fenster schaust, siehst du bestimmt ein paar Vögel.

Du findest sie im Garten, im Park und auf der Straße oder im Wald, am Fluss und am Strand. In deiner Nähe gibt es sicher gute Stellen, um Vögel das ganze Jahr über zu beobachten. Manche musst du aber auch an bestimmten Orten aufsuchen.

Dieses Buch hilft dir, einige der Vögel zu bestimmen, die du entdeckst, und mehr über ihr Verhalten zu erfahren.

Werde Vogelbeobachter!

Vögel sind großartig. Du kannst sie ganz allein beobachten, mit Freunden, der Familie oder zusammen mit anderen Vogelexperten. Du kannst versuchen, so viele verschiedene Vögel wie möglich zu entdecken oder alles über deine Lieblingsvögel zu erfahren. Du kannst sie zeichnen, fotografieren und dich um sie kümmern.

Vögel beobachten macht viel Spaß, es wird dir gefallen!

Ein Naturschutzgebiet mit einem See lockt viele Vögel an.

Regeln für Vogelbeobachter

- *Respektiere die Vögel und ihr Zuhause. Das Wohl der Vögel hat Vorrang!*
- *Versuche leise, geduldig und ruhig zu sein. Störe oder erschrecke die Vögel nicht und komm ihnen und ihren Nestern nicht zu nah.*
- *Nimm niemals Vogeleier mit und zerstöre keine Nester. Das ist verboten.*
- *Halte dich auf dem Land an die Regeln. Frag um Erlaubnis, wenn du auf privates Gelände möchtest, und betrete keine bebauten Felder. Schließe alle Gatter hinter dir.*
- *Schütze die Lebensräume. Lass keinen Abfall liegen und reiße keine Pflanzen raus.*
- *Frage immer deine Eltern, bevor du losziehst, und erkläre ihnen genau, wo du hingehst.*

LEBENSRÄUME

Auch Vögel benötigen Lebensräume, also Orte, wo sie die richtige Nahrung, Schutz und Nistmöglichkeiten finden. Auf dieser Seite lernst du die wichtigsten Lebensraumarten für Vögel kennen.

Gärten und Parks

Hier finden Vögel reichlich Nahrung, Wasser und Nistmöglichkeiten. Bäume, Büsche und andere Pflanzen bieten Futter und locken Insekten an, die die Vögel fressen können. Gebäude, Bäume und Nistkästen bieten ein Zuhause.

Auf Seite 236 erfährst du, wie du Vögel in deinen Garten locken kannst.

Städte und Ortschaften

Manche Vögel leben mitten in der Stadt – auf Plätzen, unter Brücken, auf Dächern und Mauervorsprüngen. Sie nisten in Gebäuden wie in Bäumen und Büschen und nutzen jedes bisschen Grün, das sie finden können.

Felder und Hecken

Viele Wildvögel leben auf Ackerland. Sie fressen Kräuter, Insekten und andere Kleintiere, die sie dort finden, und übrig gebliebene Feldfrüchte. In Hecken um Bauernhöfe und Felder wachsen viele verschiedene Pflanzen. Hier können die Vögel sich wunderbar verstecken.

Wälder

In Wäldern findest du viele verschiedene Vogelarten. Ein einziger Baum beherbergt Tausende Insekten und liefert Tausende Samen – kein Wunder, dass der Wald ein Paradies für Vögel ist. Hier können sie sich so gut verbergen, dass du sie nicht gleich entdeckst. Achte deshalb auf ihre Rufe und ihren Gesang.

Flüsse und Seen

Alle Lebewesen brauchen Wasser und wo es viel davon gibt, leben auch viele Vögel. Manche fressen die vielen Insekten, Fische und anderen kleinen Tiere, die sie in oder bei Flüssen und Seen finden. Manche bauen ihr Nest auf Inseln oder am Ufer. Manche schwimmen auf dem Wasser, andere tauchen und wieder andere leben einfach am Wasser.

Meeresküsten

Manche Vögel leben am Meer, brüten auf Klippen und ernähren sich von Fisch und anderen Meerestieren. Andere findest du am Strand oder an flachen, schlammigen Flussmündungen. Diese Orte sind üppige Lebensräume, wo die Vögel Insekten, Schalentiere und andere Nahrung finden. Wie Ebbe und Flut kommen und gehen auch die Vögel.

Gebirge und Moore

Manche Vögel leben in luftigen Höhen im Gebirge und in Nadelwäldern mit kühlen Bergbächen. Andere bevorzugen riesige Heidemoorlandschaften. Viele Moorvögel sind so klein und gut getarnt, dass du sie kaum entdeckst.

MIT UNSEREN VÖGELN DURCH DAS JAHR

Als Vogelbeobachter siehst du in jeder Jahreszeit andere Vögel und sie verhalten sich im Lauf des Jahres auch immer wieder anders. Da gibt es stets etwas Lustiges zu sehen!

Im Frühling

- Halte nach Vögeln Ausschau, die ein Nest bauen.
- Wann siehst du die erste Schwalbe?
- Beobachte Vogelküken, die gerade aus dem Ei schlüpfen. Wasservögel wie Enten, Gänse und Schwäne lassen sich recht gut beobachten.
- Steh früh auf und lausche dem Vogelkonzert im Morgengrauen. Etwa eine Stunde, bevor es hell wird, singen eine Menge Vögel ihr Lied. Den Anfang machen Rotkehlchen, Amseln und Drosseln, danach stimmen je nach Tageszeit andere Vögel ein.

Im Sommer

- Schau nach den Jungvögeln an deinem Lieblings-Beobachtungsplatz. Wie viele sind es? Wie unterscheiden sie sich von ihren Eltern?
- Am Meer kannst du vom Boot aus eine Seevogelkolonie beobachten. Da herrscht ein richtiges Gedränge, es ist laut und riecht streng, aber du entdeckst erstaunliche Vögel.

Im Urlaub

An deinem Urlaubsort kannst du viele neue Vögel kennenlernen. In Büchern und im Internet erfährst du mehr über sie.

Im Herbst

- Halte nach Schwalben und Mehlschwalben Ausschau, die sich für ihren Flug in den Süden versammeln.
- Säubere deine Futterhäuschen und fülle Vogelfutter hinein. (Du kannst Vögel übrigens das ganze Jahr über füttern.)
- Schau nach Eichelhähern, die Eicheln vergraben.

Tipp: Führe ein Vogel-Tagebuch, in das du jeden Vogel einträgst, den du siehst, auch wann und wo du ihn gesehen hast. Wie du das machen kannst, erfährst du auf Seite 238.

Vogelzug

Zugvögel verbringen den Sommer an einem Ort, legen dort ihre Eier und ziehen ihre Jungen groß. Zum Überwintern fliegen sie woanders hin. Meist ist es dort dann wärmer.

Im Winter

- Fülle das Futter im Futterhäuschen und freue dich an den gefiederten Besuchern, die zum Fressen kommen.
- Stelle den Vögeln bei eisigen Temperaturen häufiger eine Schale Trinkwasser raus, weil Wasser schnell gefriert.
- Halte nach Schwärmen von Wacholderdrosseln und Rotdrosseln Ausschau.
- Lausche den Wintersängern wie Rotkehlchen, Singdrossel, Misteldrossel und Kohlmeise.
- Besuche ein Vogelschutzgebiet, wo du Wintergäste wie Watvögel, Enten und Gänse beobachten kannst.

Stunde der Wintervögel

Jedes Jahr im Januar nehmen Tausende Vogelfreunde an der großen Vogelzählung – „Stunde der Wintervögel" – teil. Sie notieren und melden eine Stunde lang alle Vögel, die sie im Garten, auf dem Balkon oder im Park zählen. Wann es losgeht, erfährst du im Internet.

WAS MACHEN DIE VÖGEL WANN?

Jede Vogelart hat ihren ganz eigenen Jahreskalender. Beobachte, was sie wann im Lauf des Jahres tun.

Rotkehlchen

Im Frühjahr singt das Männchen sein lautes, schönes Lied, um ein Weibchen anzulocken. Das Weibchen baut ein Nest aus trockenen Blättern und Moos und polstert es mit Haaren und Federn aus. Es legt fünf bis sechs Eier und brütet sie etwa 13 Tage lang aus. Wenn die Küken geschlüpft sind, werden sie zwei Wochen lang von den Eltern gefüttert, dann verlassen sie das Nest.

Im Sommer hüpfen die braun gefleckten Jungvögel herum und lernen Futter zu suchen. Manchmal brüten Rotkehlchen ein zweites Mal.

Im Winter und Sommer zanken Rotkehlchen mit anderen Rotkehlchen, um ihr Revier zu verteidigen.

Amsel

Im Frühjahr singen Amseln schon früh am Morgen. Die Männchen versuchen den Weibchen zu imponieren, indem sie einander jagen und mit aufgeplustertem Schwanz und angelegten Flügeln herumrennen. Die Weibchen bauen das Nest, legen drei bis fünf Eier und brüten sie etwa zwei Wochen lang aus. Wenn die Küken geschlüpft sind, füttern beide Eltern sie mit Regenwürmern und Raupen. Die Jungen verlassen das Nest und lernen zu fliegen.

Im Herbst und Winter gibt es nur wenig Würmer. Dann fressen die Amseln Beeren. Die Kälte stört sie kaum.

Oft sieht man Amseln, die erst umherhüpfen, dann mit leicht geneigtem Kopf reglos verharren, um schließlich nach der Beute, etwa einem Regenwurm, zu schnappen.

Blaumeise

Im Frühjahr suchen Blaumeisen ein Nest. Vielleicht kannst du sie beim „Balzfüttern" beobachten: Das Männchen bringt dem Weibchen Futter, damit es genügend Energie für die Entwicklung der Eier bekommt, am besten saftige Raupen. Das Weibchen legt bis zu 14 Eier und bebrütet sie etwa zwei Wochen lang. Wenn die Küken geschlüpft sind, fangen die Eltern Hunderte Raupen am Tag, um sie zu füttern.

Im Sommer kannst du Gruppen von jungen Blaumeisen mit gelblichen Wangen beobachten.

Im Winter fliegen die Blaumeisen auf der Suche nach Nahrung von Garten zu Garten. Am Futterplatz streiten sie mit anderen Vögeln. Manchmal stehlen sie das Futter von Kohlmeisen – und umgekehrt!

Schwalbe

Im Frühling ziehen die Schwalben von Afrika nach Europa. Ab April sind sie bei uns zu Gast.

Im Sommer bauen sie Nester aus Lehm und Stroh, legen Eier und füttern ihre Jungen. Du kannst die Schwalben gut dabei beobachten, wie sie emsig Hunderte Male am Tag von und zu ihrem Nest fliegen.

Im Herbst versammeln sich große Schwalbenschwärme und bereiten sich auf den Flug nach Süden vor. Manche Jungvögel sind erst ein paar Wochen alt, wenn sie sich auf die lange Reise machen.

Den Winter verbringen unsere Schwalben in Südafrika. Dort ernähren sie sich von Insekten.

Winter am Wasser

Im Winter kannst du gut Wasservögel auf Seen und Teichen beobachten. Manche kommen hierher zum Überwintern.

ACHTE AUF DIESE MERKMALE

Um einen Vogel genau zu bestimmen, achte auf bestimmte Merkmale, die ihn von anderen unterscheiden. Als Erstes schaust du nach der Größe. Ist der Vogel etwa so groß wie ein Vogel, den du kennst? Vielleicht eine Ente, Taube oder ein Sperling? Dann schau nach seiner Körperform. Ist der Körper rundlich oder lang? Welche Form hat der Schwanz? Welche der Schnabel? Wie sehen die Beine aus?

Im Flug sehen viele Vögel ganz anders aus als am Boden.

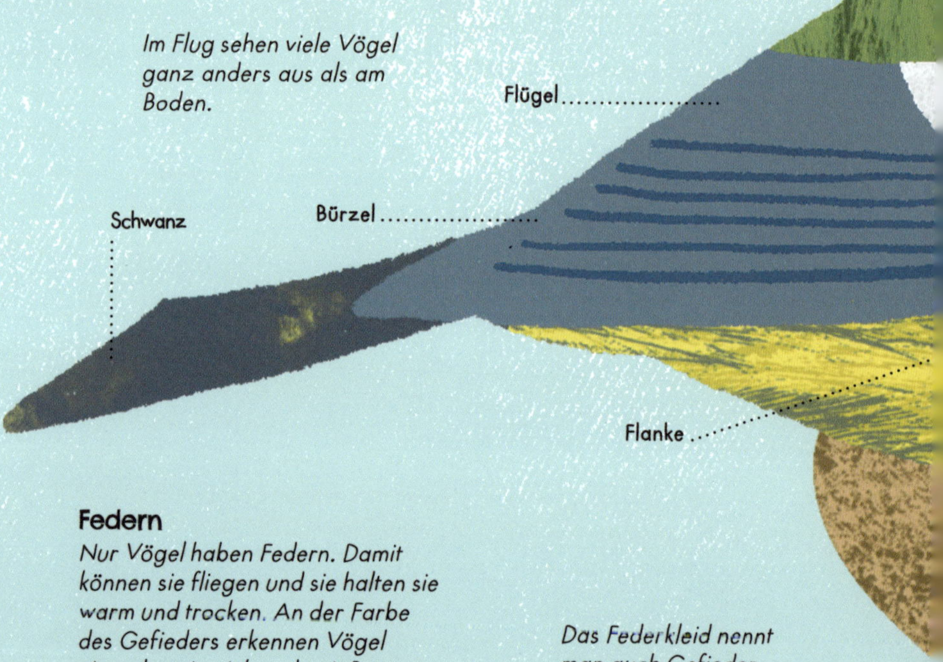

Federn

Nur Vögel haben Federn. Damit können sie fliegen und sie halten sie warm und trocken. An der Farbe des Gefieders erkennen Vögel einander, sie ziehen damit Partner an und können sich vor Feinden verstecken.

Das Federkleid nennt man auch Gefieder.

DIE MAUSER

Federn werden leicht beschädigt oder nutzen sich ab. Die Vögel verlieren ihre alten Federn und es wachsen neue nach. Das nennt man Mauser. Den meisten Vögeln wachsen im Frühjahr neue Federn in strahlenden Farben; manche Vögel haben zu anderen Jahreszeiten glanzlosere Federn.

Stockenten sind ein gutes Beispiel dafür. Die mattbraunen Federn, die die Männchen bekommen, nennt man Ruhekleid oder Schlichtkleid. Im Spätsommer scheint es deshalb so, als wären die Männchen weg – doch im Herbst wachsen ihnen wieder ihre leuchtenden Federn nach.

Verhalten

An ihrem Verhalten erfährst du viel über Vögel. Wie fliegen sie? Schnell oder langsam, schweben, rütteln oder flattern sie, fliegen sie gerade oder auf und ab? Und am Boden: Hüpfen, laufen oder rennen sie? Sind sie allein oder siehst du sie paarweise oder gleich einen ganzen Schwarm? Sind sie laut oder scheu? Was und wie fressen sie? Diese Beobachtungen helfen dir, einen Vogel zu bestimmen.

Vogelparadiese

Vögel gibt es überall, aber sie und die Orte, an denen sie leben, müssen sicher sein. Es gibt viele Naturschutzgebiete, wo Vögel und ihre Lebensräume geschützt sind. Aber jeder kann dazu beitragen, die Natur zu schützen – für die Vögel, andere Tiere und uns Menschen.

Gesang

An ihren Rufen und ihrem Gesang kannst du Vögel gut unterschieden. Hör dir ein paar einfache Rufe an und achte auf sie, wenn du das nächste Mal Vögel beobachtest. Im Internet findest du viele Aufnahmen mit Vogelstimmen.

SO GEHTS

Auf den folgenden Seiten lernst du viele Vogelarten kennen, die du bei uns beobachten kannst, und ein paar, die zwar nicht bei uns heimisch, aber trotzdem spannend sind.

Infokasten

Alle wichtigen Informationen zu einer Vogelart findest du in so einem Kasten. Das bedeuten die kleinen Symbole:

- gibt die Länge des erwachsenen Vogels von der Schnabel- bis zur Schwanzspitze an
- sagt dir, ob der Vogel das ganze Jahr bei uns ist (Standvogel) oder nur im Sommer oder Winter (Zugvogel)
- gibt an, ob der Vogel häufig oder selten vorkommt
- gibt an, wo der Vogel lebt (Lebensraum)
- beschreibt den Ruf oder Gesang des Vogels
- gibt an, wovon sich der Vogel ernährt

Beschreibungen

In den Beschreibungen erfährst du, wie die einzelnen Vögel aussehen, und du bekommst Informationen über ihr Verhalten.

Bilder

In den Bildern siehst du die Gestalt des Vogels, seine Farbe und Zeichnungen und wie er dasitzt oder fliegt. Sie zeigen auch, wenn sich Männchen und Weibchen unterscheiden.

Zwergtaucher

Der Zwergtaucher ist ein kleiner, rundlicher Wasservogel mit einem braunen Körper, rotbraunen Wangen und Hals und einem flauschigen Hinterteil. Er lebt in Flüssen und Seen, wo er emsig nach Fischen oder Insekten sucht. Der Zwergtaucher ist scheu und vorsichtig. Er taucht, wenn er Angst bekommt.

Der Zwergtaucher ist einer der kleinsten Wasservögel Mitteleuropas.

Manchmal spritzt der Zwergtaucher mit Wasser, bevor er abtaucht.

Zwergtaucher

- 25–29 cm
- ganzjährig
- häufig
- Seen, Flüsse, Kanäle
- laute, schrille Triller
- Insekten und ihre Larven, Wasserschnecken, kleine Fische

Die gestreiften Jungen sitzen sicher auf dem Rücken der Eltern.

Haubentaucher bauen schwimmende Nester aus Wasserpflanzen.

Haubentaucher

Der Haubentaucher ist ein eleganter Vogel mit einem langen weißen Hals. Im Sommer bekommt er eine auffällige Halskrause. Beim Balztanz tanzt das Pärchen mit aufgestellten Halskrausen auf dem Wasser. Sie schütteln die Köpfe, um ihre Federhauben zur Schau zu stellen, plustern ihr Gefieder auf und tauchen nach Wasserpflanzen, die sie einander anbieten.

Haubentaucher

- 46–51 cm
- ganzjährig
- häufig
- Seen
- meist still
- hauptsächlich Fisch, auch Insekten, Larven und Lurche

Eissturmvogel

Der Eissturmvogel sieht aus wie eine Möwe, hat aber geradere, schmalere Flügel. Achte auf die Nasenröhren auf dem Schnabel. Die Vögel verbringen die ganze Zeit auf dem Meer und gehen nur zum Brüten an Land.

Um Angreifer abzuwehren, spucken Eissturmvögel ein stinkendes Magenöl aus.

Eissturmvogel

- 45–50 cm
- Sommergast
- Meeresklippen, Hochsee
- Gackern
- Fisch, Schalentiere

In einer Kolonie leben bis zu 60 000 Basstölpel.

Basstölpel

Der große weiße Seevogel hat lange Flügel mit schwarzen Spitzen und einen gelblichen Kopf. Aus großer Höhe taucht er pfeilschnell tief ins Wasser ein und fängt Fische. Die meiste Zeit des Jahres leben Basstölpel auf dem offenen Meer und kommen nur an Land, um zu brüten.

Leider verfangen sich Tölpel oft in Fischernetze

Basstölpel

- 87–100 cm
- Sommergast
- Meeresklippen, offene See
- Krächzen, Gackern
- Fisch, besonders Hering und Makrele

Kormoran

Dieser große Wasservogel hat einen langen Hals und einen dunklen Körper. Die Schnabelspitze ist gebogen wie ein Haken. Kormorane sind hervorragende Fischer – sie schwimmen auf dem Wasser, tauchen dann ein und fangen ihre Beute.

Krähenscharbe

Sie ähnelt dem Kormoran, hat aber einen schmaleren Schnabel, dunkleren Körper und kein weißes Gesicht. Das Federkleid ist schwarz, schimmert in der Sonne aber grün. Auch sie ist ein exzellenter Taucher.

Kormoran

- 80–100 cm
- ganzjährig
- Meer, Seen, Flüsse
- Gurren und Krächzen
- Fisch

Kormorane breiten ihre Flügel aus, um ihr Gefieder nach dem Tauchen zu trocknen.

Atlantiksturmtaucher

Der Sturmtaucher fliegt den ganzen Tag über das Meer, ständig auf der Suche nach Fisch und anderen Meerestieren. Seine Oberseite ist schwarz, die Unterseite weiß.

Sturmtaucher haben einen tollen Orientierungssinn.

Eiderente

Die Eiderente ist eine Meeresente. Das Männchen ist schwarz-weiß mit grünen Zeichnungen am Kopf. Das Weibchen ist braun. Eiderenten haben kräftige Schnäbel. Damit packen und zermalmen sie Schalentiere.

Sturmschwalbe

Dieser winzige Seevogel ist nur so groß wie ein Sperling. Er ist schwarz mit weißem Hinterteil und weißen Streifen an der Flügelunterseite. Er flattert hinter Schiffen her und dabei berühren seine Füße das Wasser.

Eiderenten kleiden ihr Nest mit sehr weichen Daunenfedern aus. Auch uns halten Eiderdaunen in Bettdecken warm.

Große Raubmöwe

Die Große Raubmöwe ist der Seeräuber unter den Vögeln. Der große, kräftige Vogel greift andere Seevögel an und nimmt ihnen die Nahrung ab. Er tötet und frisst auch deren Küken.

Sterntaucher

Auf offener See kann man im Winter einen Vogel sehen, der wie eine Ente schwimmt, aber eine andere Form hat. Der Sterntaucher hat ein gräuliches Gefieder und einen roten Hals.

Sterntaucher können unter Wasser schnell schwimmen und Fische jagen.

Graureiher

Reglos steht dieser geübte Fischjäger im Wasser und hält geduldig Ausschau. Dann stößt er blitzschnell zu und schnappt seine Beute.

Graureiher

Graureiher

- 90–98 cm
- ganzjährig
- häufig
- Seen, Flüsse, Sümpfe, Flussmündungen
- tiefes Krächzen
- hauptsächlich Fische, auch Frösche und kleine Säugetiere

Graureiher „kämmen" ihre Federn mit ihrer Mittelkralle.

Seidenreiher

Der kleinere Seidenreiher ist weiß mit schwarzen Beinen und gelben Füßen.

Rohrdommel

Die scheue Rohrdommel baut ihr Nest im Röhricht. Ihr Streifenmuster macht sie im Schilf fast unsichtbar. Der laute, wummernde Ruf des Männchens ist noch in bis zu fünf Kilometer Entfernung zu hören.

Höckerschwan

Der majestätische Höckerschwan ist schneeweiß bis auf den orange farbenen Schnabel mit schwarzem Höcker. Seinen langen, s-förmigen Hals taucht er tief ins Wasser, um Wasserpflanzen zu fressen. Schwäne bauen aus Gras und Schilf große Nester am Ufer. Die Küken sitzen manchmal auf dem Rücken der Eltern, wo es warm und sicher ist.

Junge Schwäne werden nach etwa fünf Monaten selbstständig.

Höckerschwan

- 125–155 cm
- ganzjährig
- häufig
- Seen, Flüsse, Kanäle
- lautes Zischen und Fauchen, wenn er sich angegriffen fühlt
- Wasserpflanzen, Insekten, Schnecken

Schwanenküken

Schwäne haben mehr Federn am Körper als alle anderen Vögel: insgesamt rund 25 000.
Erwachsener Höckerschwan
Höckerschwanpaare sind sich ein Leben lang treu.

Kanadagans

Die Kanadagans stammt ursprünglich aus Kanada, ist inzwischen aber bei uns heimisch. Sie hat einen langen schwarzen Hals, weiße Wangen und Kinn sowie einen graubraunen Körper. In Parks kannst du ganze Trupps beobachten – sie schwimmen in Teichen und Seen und watscheln über das Gras am Ufer. Die Gänse machen laute, trompetende Geräusche. In ihrer Heimat Nordamerika fliegen sie als Zugvögel über weite Strecken in V-Formation: eine Gans an der Spitze und alle anderen dahinter.

Kanadagans

- 56–110 cm
- ganzjährig
- häufig
- Seen, Flüsse, Kanäle
- lautes Trompeten
- Wurzeln, Gras, Blätter, Samen

Kanadagans

Wie alle Enten, Gänse und Schwäne haben Kanadagänse Schwimmfüße.

Die Kanadagans ist unsere größte Gans.

Stockente

Die Stockente ist unsere bekannteste heimische Ente. Schau, wie sie auf der Suche nach Nahrung mit dem Kopf voraus und dem Hintern nach oben ins Wasser taucht. Das nennt man Gründeln. Das Männchen heißt Erpel und hat einen tiefgrünen Kopf und gelben Schnabel sowie glänzend blaue Bänder an den Flügeln. Das Weibchen ist braun gesprenkelt und hat auch blaue Flügelbänder. Nur die Weibchen machen die vertrauten Quak-Quak-Rufe.

Stockente

- 50–65 cm
- ganzjährig
- häufig
- Teiche, Seen, Flüsse, Kanäle, Sümpfe
- „quak, quak"
- Samen, Pflanzen, Insekten, Schalentiere, kleine Fische

Stockenten findest du überall am oder im Wasser: von kleinen Teichen und Bächen bis zu großen Seen.

Stockenten-Männchen

Das Weibchen baut ein Nest aus Gras, Blättern und weichen Daunen.

Stockentenküken verlassen schon am ersten Tag ihr Nest und können sofort schwimmen und nach Nahrung suchen. Fliegen lernen sie erst später.

Reiherente

Die Reiherente erkennst du an ihrem Federschopf am Hinterkopf. Männchen sind schwarz-weiß, Weibchen dunkelbraun. Beide haben gelbe Augen. Schau, wie sie immer wieder nach Nahrung tauchen. Im Winter leben sie in großen Gruppen zusammen.

Reiherente

- 40–47cm
- ganzjährig
- häufig
- Seen, Parks
- meist still
- Schalentiere, Insekten, Wasserpflanzen

Tafelente

Die Tafelente ist eine kleine, rundliche Tauchente. Das Männchen erkennst du leicht: Halte Ausschau nach seinem rostroten Kopf und Nacken und seiner schwarzen Brust und dem schwarzen Schwanz. Vielleicht siehst du Tafelenten tagsüber auf dem Wasser schlafen, denn sie fressen lieber nach Einbruch der Dunkelheit.

Tafelente

- 42–49 cm
- ganzjährig
- Seen, Parks
- meist still
- Wasserpflanzen, Wasserschnecken, kleine Fische, Insekten

Schellente

Diese Ente hat leuchtend goldgelbe Augen. Der Kopf sieht aus wie aufgeblasen. Das Männchen ist schwarz-weiß und hat einen grün-schwarzen Kopf mit einem weißen Fleck an der Seite. Das Weibchen hat einen schokoladenbraunen Kopf.

Schellente

- 42–50 cm
- Ganzjährig
- Seen und Flüsse in Wäldern
- meist still, aber die Männchen rufen manchmal laut „krirr-krirr"
- Schalentiere, kleine Fische, Insekten, Wasserpflanzen

Graugans

Die Graugans ist groß, gräulich braun, hat einen orangefarbenen Schnabel und rosa Beine. Diese Gänse leben in großen Trupps und vermischen sich oft mit Kanadagänsen. Von ihnen stammen unsere weißen Hausgänse ab.

Ringelgans

Die Ringelgans ist klein und hat etwa die Größe einer Stockente. Bei uns ist sie ein Wintergast. Kopf und Brust sind schwarz. Am Hals hat sie ein weißes Muster

Nonnengans

Die Nonnengans ist ein Wintergast. Sie ist kleiner und grauer als die Kanadagans und ihr ganzes Gesicht ist weiß. Sie brütet auf Inseln in der Arktis. Die Gänseküken müssen vom Nest einen gefährlichen Sprung ins Wasser machen.

Brandgans

Diese große weiße Gans hat einen dunkelgrünen Kopf und Hals, eine rostrote Brust und einen roten Schnabel. Nur beim Männchen sitzt ein Höcker auf dem Schnabel. Brandgänse fressen gern winzige Wasserschnecken.

Löffelente

Die Löffelente hat einen grünen Kopf wie die Stockente, aber achte auf den langen, löffelartigen Schnabel. Darin ist eine Art Sieb, mit dem die Ente Nahrung von der Wasseroberfläche filtert.

Krickente

Die Krickente ist klein und scheu. Das Weibchen hat einen kastanienbraunen Kopf mit einem grünen Streifen und eine grüne Flügelbinde.

Das auffällige Männchen hält sich vom Nest fern, um keine Feinde anzulocken.

Singschwan

Der Singschwan ist ein Wintergast aus dem Norden. Er hat einen gelben Schnabel mit schwarzer Spitze. Sein Ruf klingt wie eine altmodische Autohupe.

Zwergschwan

Der deutlich kleinere Zwergschwan fliegt jeden Winter von Sibirien nach Mitteleuropa. Er hat einen gelben Fleck auf dem Schnabel.

Rotmilan

- 60–66 cm
- ganzjährig
- Ackerland, Wälder
- schrilles „wii-uuh, ii-uu, ii-uu"
- hauptsächlich Aas, auch Würmer, kleine Säugetiere, Vögel

Rotmilane steuern mit ihrem gegabelten Schwanz ihren Flug.

Rotmilan

Rotmilan

Der Rotmilan ist ein großer Greifvogel mit hellgrauem Kopf, rötlich braunem Körper und rötlichorangem Gabelschwanz. Er hat einen Hakenschnabel und scharfe Krallen. Früher war er nur noch selten anzutreffen, inzwischen erholen sich die Bestände aber.

Mäusebussard

- 51–57 cm
- ganzjährig
- häufig
- Hügelland, Ackerland, Wälder
- schrilles „pii-ääh"
- Kaninchen, Wühlmäuse, Vögel, Aas, Insekten, Würmer

Sperber

- 28–38 cm
- ganzjährig
- häufig
- Wälder, Ackerland, Städte und Ortschaften
- gackerndes „gigigigi" am Brutplatz
- kleine Vögel

Mäusebussard

Ein Mäusebussard kann lang fliegen, ohne mit den Flügeln zu schlagen.

Mäusebussard

Der Mäusebussard ist ein großer Greifvogel. Er ist überall bräunlich und hat breite Flügel und ausgezeichnete Augen. Schau, wie er hoch in den Himmel steigt und nach kleinen Tieren auf der Erde Ausschau hält. Kaninchen sind seine Lieblingsbeute.

Sperber-Männchen

Sperber

Der Sperber ist ein kleiner Greifvogel. Seine weißen „Augenbrauen" geben ihm einen grimmigen Ausdruck. Er hat ein gebändertes Muster auf der Unterseite, die Oberseite ist beim Männchen grau und beim Weibchen braun. Sperber fliegen sehr schnell. Sie jagen und fangen kleine Vögel im Flug.

Turmfalke

Der Turmfalke hat einen langen Schwanz und spitz zulaufende Flügel. Du kannst ihn oft ganz still in der Luft stehen sehen, nur seine Flügel schlagen schnell. Das nennt man Rütteln. Dann stürzt er plötzlich hinab auf die Beute.

Turmfalke

- 30–36 cm
- ganzjährig
- häufig
- offenes Gelände mit Wiesen, Städte und Ortschaften
- schrilles „ki-ki-ki-ki-ki"
- Wühlmäuse, andere kleine Säugetiere, große Insekten

Baumfalke

Dieser kleine Greifvogel ist etwa so groß wie ein Turmfalke. Er fliegt schnell, wendig und anmutig. Er fängt Insekten und kleine Vögel im Flug. Libellen sind seine Lieblingsbeute.

Wanderfalke

Im Sturzflug erreicht ein Wanderfalke sagenhafte 240 Stundenkilometer.

Wanderfalke

Der Wanderfalke ist ein mittelgroßer Greifvogel. Achte auf seinen dunklen Kopf und Bartstreif sowie die weißen Wangen. Wanderfalken sind fantastische Jäger und halten den Rekord als schnellste Vögel der Welt. Im Sturzflug stoßen sie auf ihre Beute am Boden herab oder fangen sie aus der Luft.

Wanderfalke

- 36–48 cm
- ganzjährig
- Hügellandschaften, Städte und Ortschaften
- am Brutplatz gackerndes „kek-rek-rek“
- Vögel

Steinadler

Der Steinadler ist ein mächtiger Greifvogel. Er ist dunkelbraun mit goldbraunem Kopf und Nacken, großen, breiten Flügeln und einem kräftigen Hakenschnabel. Es ist ein seltener, aber imposanter Anblick, wenn er hoch über den Bergen in die Luft steigt. Steinadler können ziemlich große Tiere fangen, sogar Füchse, aber meistens fressen sie Hasen, Vögel und Aas.

Steinadler

- 75–88 cm
- ganzjährig
- Moorlandschaften, Hochgebirge, entlegene Inseln
- normalerweise stumm
- Säugetiere, Vögel, Aas

Ein Steinadler kann
über 30 Jahre alt
werden.

Beim Tauchen kann er seine Nasenlöcher schließen, damit kein Wasser eindringt.

Ein Fischadler hat Schuppen unter den Krallen. Damit kann er seine glitschige Beute gut greifen.

Fischadler

Über die Augen dieses Fischjägers zieht sich ein dunkles Band, das aussieht wie eine Maske. Mit dem Kopf voran stürzt er auf das Wasser zu, dann streckt er im letzten Moment seine Füße vor und packt einen Fisch. Fischadler bauen ihren Horst in Kiefern. Das Männchen füttert das Weibchen im Nest mit Fisch. Sie reißt kleinere Stücke heraus und verteilt sie an die Jungen.

Fischadler

- 55–58 cm
- Sommergast
- Seen, große Flüsse, Flussmündungen
- meist stumm
- Fisch

Fischadler-Paare kehren jedes Jahr zum selben Nest zurück.

Der Horst besteht aus Stöcken und Reisig und ist mit Moos, Rinde und Gras ausgepolstert.

Moorschneehuhn

Das Moorschneehuhn ist ein rundlicher Hühnervogel, der in den Heidemooren Skandinaviens lebt. Das Männchen ist rotbraun mit einem roten Kamm über jedem Auge. Das Weibchen ist mattbraun und ohne Kamm.

Moorschneehuhn

- 37–42 cm
- nicht heimisch
- Heidemoore
- „hoiii" oder „hähä"
- Heide, Samen, Beeren, Insekten

Fasan

Dieser große Hühnervogel stammt aus Asien. Das Männchen hat einen dunkelgrünen Kopf, rote Hautlappen um die Augen, einen braunen Körper und einen langen Schwanz. Manche haben auch einen weißen Halsring. Das Weibchen ist unscheinbarer gefärbt. Die scheuen Fasane kannst du am Waldrand und an Hecken beobachten.

Fasan

- 53–89 cm
- ganzjährig
- häufig
- Ackerland, Wälder
- heiseres „ku-tuk-ku-tuk"
- Körner, Samen, Früchte, Insekten

Rebhuhn

Das Männchen des scheuen Rebhuhns ist braungrau und hat ein orangebraunes Gesicht. Das Weibchen ist matter gefärbt. Rebhühner sind sehr gut getarnt und können leicht mit großen Steinen verwechselt werden. Bei Gefahr bleiben sie oft ruhig und fliegen erst im letzten Moment weg.

Das Gelege des Rebhuhns zählt zu den größten im Vogelreich – manchmal legt das Weibchen bis zu 25 Eier!

Rebhuhn-Männchen

Rebhuhn

- 29–31 cm
- ganzjährig
- Ackerland
- greller Ruf „kirr-rreck"
- Samen, Blätter, Insekten

Rothuhn

Das Rothuhn ist größer als ein Rebhuhn. Bei uns wirst du es aber leider nicht beobachten können, da es in Spanien, Frankreich und Italien zu Hause ist. Vielleicht läuft es dir im Urlaub mal über den Weg. Es hat weiße Wangen, einen roten Schnabel und schwarze Striche auf dem Gesicht.

Das Rothuhn rennt bei Gefahr lieber weg, statt aufzufliegen.

Rothuhn-Männchen

Rothuhn

- 32–34 cm
- nicht heimisch
- Ackerland und offene Waldgebiete
- lautes „tschak-tschakka-tschak"
- Samen, Blätter, Wurzeln

Teichhuhn

Das Teichhuhn ist fast ganz schwarz mit einem rot-gelben Schnabel, weiß an den Flanken und an der Unterseite des Schwanzes und hat lange grüne Beine und Füße. Teichhühner leben an Teichen, Flüssen und Seen. Schau, wie sie beim Schwimmen und Laufen mit dem Kopf nicken!

Teichhuhn

- 32–35 cm
- ganzjährig
- häufig
- Seen, Teiche, Bäche, Flüsse
- lautes „kjürrk"
- Wasserpflanzen, Beeren, Würmer, Schnecken, Spinnen, Insekten, kleine Fische, Eier

Mit ihren langen, dünnen Zehen können Teichhühner gut klettern.

Die Küken sind schwarz und flauschig weich.

Blesshuhn

Das Blesshuhn kann man leicht mit einem Teichhuhn verwechseln und oft sieht man beide Arten am selben Ort. Das Blesshuhn ist größer und ganz schwarz bis auf den weißen Schnabel und den weißen Stirnschild. Blesshühner sind streitlustig und tauchen häufiger.

Blesshuhn

- 36–38 cm
- ganzjährig
- häufig
- Seen, Teiche
- lautes „köw" oder „tück"
- Algen, Wasserpflanzen, Schalentiere, Schnecken, Insekten

Austernfischer

Der Austernfischer ist ein großer schwarz-weißer Watvogel mit orangerotem Schnabel. Er macht viel Lärm. Mit seinem kräftigen Schnabel kann er sehr gut Schalentiere fangen. Er stochert mit dem Schnabel im Sand, greift eine Muschel und knackt sie auf.

Austernfischer

- 40–45 cm
- ganzjährig
- häufig
- Küsten, Mündungen, Seen, Flüsse
- lautes, grelles „kiwiep"
- Muscheln, andere Schalentiere, Krebse, Würmer

Vielleicht kannst du beobachten, wie Möwen oder Krähen den Austernfischern ihre Nahrung klauen.

Säbelschnäbler

Auch der Säbelschnäbler ist ein schwarz-weißer Watvogel. Er hat einen schmalen, wie ein Säbel aufwärts gebogenen Schnabel. In Flussmündungen oder Lagunen schwingt er ihn im seichten Wasser hin und her und filtert so kleine Krebstiere oder Larven heraus. Oder er pickt kleine Tiere aus dem Wasser.

Säbelschnäbler

- 40–45 cm
- ganzjährig
- Küsten, Flussmündungen
- bei Gefahr „klütt-klütt"
- Krebstiere, Insektenlarven, Insekten, Würmer

Kiebitz

Der Kiebitz ist etwa so groß wie eine Taube. Von Weitem erscheint er schwarz-weiß, aber von Nahem erkennst du, dass sein Rücken metallisch grün schimmert. In der Paarungszeit steigt das Männchen immer wieder hoch auf und taumelt dann kunstvoll herab, um Weibchen zu beeindrucken.

Der Kiebitz hat seinen Namen von seinem Ruf „kie-witt".

Kiebitz

- 28–31 cm
- ganzjährig
- häufig
- Ackerland, feuchte Wiesen, Sumpfgebiete
- „kie-witt"
- Würmer, Käfer, Fliegen, Ameisen, Schnecken

Wenn sich ein Feind den Küken nähert, rennt der Altvogel herum, um ihn abzulenken. Die Küken liegen in einer flachen Mulde am Boden.

Waldschnepfe

Die scheue Waldschnepfe ist ein rundlicher brauner Vogel mit einem langen, geraden Schnabel. Die Schnabelspitze ist sehr empfindlich. Die Waldschnepfe kann damit Würmer aufspüren, die sich in der Erde winden. Sie lebt gut getarnt im Wald.

Waldschnepfe

- 33–35 cm
- ganzjährig
- Waldgebiete, Moorgebiete
- krächzendes „quorr-quorr-quorr"
- Würmer, Käfer, Spinnen, Raupen, Schnecken

Großer Brachvogel

Er ist der größte Watvogel in Europa, hat ein braun gesprenkeltes Gefieder und einen sehr langen, nach unten gebogenen Schnabel. Er watet durch tiefes Wasser, du siehst ihn aber auch oft auf Wiesen sowie in Sümpfen und Mooren. Mit seinem langen Schnabel stochert er im Schlick oder unter Wasser nach Nahrung.

Großer Brachvogel

- 50–60 cm
- ganzjährig
- Moorgebiete, Küsten, Flussmündungen
- flötendes „tlüihd"
- Krebstiere, Schalentiere, Schnecken, Würmer, Insekten

Grünschenkel

Der Grünschenkel ist etwas seltener als der Rotschenkel. Er hat olivgrüne Beine und einen langen, leicht nach oben gebogenen Schnabel. Er brütet an unberührten, abgelegenen Stellen.

Rotschenkel

Rotschenkel

- 27–29 cm
- ganzjährig
- Flussmündungen, Sümpfe, Moorgebiete
- schallender Alarmruf „tjiktjiktjik"
- Garnelen, kleine Fische, Krebstiere, Schalentiere, Schnecken, Würmer, Fliegen

Rotschenkel

Der Rotschenkel hat einen langen roten Schnabel und rote Beine. Er macht viel Lärm und ist ständig auf der Hut vor Gefahr. Sein lauter Alarmruf warnt andere Vögel, wenn Feinde in der Nähe sind. Wenn er fliegt, achte auf die großen weißen Streifen an seinen Flügeln.

Kiebitzregenpfeifer

Dieser Vogel ist ein Wintergast. Sein Winterkleid ist grau-weiß mit schwarzen „Achseln", die sich im Flug zeigen. Er hat einen schmalen, geraden Schnabel und pickt Nahrung aus dem Schlamm.

Sandregenpfeifer

Der Sandregenpfeifer hat eine schwarze Augenmaske und einen schwarzen Ring um die Brust. Er hat einen kurzen orangen Schnabel. Er rennt herum, wippt mit dem Kopf und pickt schnell Nahrung auf.

Knutt

Der Knutt ist in erster Linie ein Wintergast. Man sieht oft riesige Schwärme von Tausenden Vögeln. Am Himmel sehen sie aus wie eine große Rauchwolke.

Steinwälzer

Dieser kleine, emsige Watvogel hat einen rotbraunen Rücken. Sein Kopf und die Brust sind schwarz-weiß. Mit seinem kurzen, dicken Schnabel wälzt er Steine um und sucht darunter nach Nahrung.

Flussuferläufer

Der Flussuferläufer hat einen schmalen dunklen Schnabel. Wenn er über den Strand läuft, wippt er ständig auf und ab. Du kannst ihn an Flüssen, aber auch am Meer beobachten.

Bekassine

Die Bekassine hat einen sehr langen, empfindlichen Schnabel. Sie stochert damit im Schlamm herum, um Würmer zu entdecken, die sie dann mit der Schnabelspitze schnappt. Wenn sich das Männchen im Frühling beim Balzflug aus großer Höhe herabstürzt, entsteht ein meckerndes Geräusch.

Lachmöwe

Die Lachmöwe ist klein und hat einen schwarzbraunen Kopf, der im Winter weiß wird, mit einem schwarzen Fleck. Diese Möwen sind weit verbreitet, sowohl an der Küste als auch im Landesinneren. Sie machen viel Lärm und leben in großen Kolonien zusammen. Sie fressen fast alles.

Lachmöwe

- 34–37 cm
- ganzjährig
- häufig
- Küsten, Flüsse, Felder, Müllhalden
- krächzendes „krrjääh"
- Würmer, Insekten, Spinnen, Schnecken, kleine Fische, Aas

Sturmmöwe

Die Sturmmöwe hat einen gelben Schnabel und gelbe Beine.

Silbermöwe

Die Silbermöwe ist weiß, Rücken und Flügel sind grau, die Beine rosa und der Schnabel gelb mit einem roten Fleck. Sie lebt und brütet an der Meeresküste. Diese großen Möwen sind tolle Eltern und sehr klug. Sie nutzen jede Gelegenheit, um an Nahrung zu kommen. Pass auf, dass sie dir deine Pommes nicht stibitzen!

Silbermöwe

- 55–67 cm
- ganzjährig
- häufig
- Küste, Flüsse, Städte und Ortschaften
- verschiedene kreischende und heulende Schreie
- Aas, Samen, Früchte, Insekten, Fisch, Eier, Jungvögel, kleine Säugetiere

Du kannst die Silbermöwe an ihren rosa Beinen erkennen.

Flussseeschwalbe

Seeschwalben sind zierlicher als Möwen. Die Flussseeschwalbe hat einen schwarzen Kopf, einen roten Schnabel mit schwarzer Spitze und einen gegabelten Schwanz. Sie fliegt sehr elegant und rüttelt über dem Wasser, ehe sie im Sturzflug eintaucht und einen Fisch fängt.

Flussseeschwalbe

- 31–35 cm
- Sommergast
- häufig an der Küste
- Küsten, Flüsse
- schrilles „kii-ärr"
- Fische

Küstenseeschwalbe

- 31–35 cm
- Sommergast
- häufig an der Küste
- Küsten, Flüsse
- „kii-ärr" wie Flussseeschwalbe, nur schriller
- Fische

Küstenseeschwalbe

Die Küstenseeschwalbe hat einen schwarzen Kopf, einen roten Schnabel und einen langen, gegabelten Schwanz und ist von der Flussseeschwalbe kaum zu unterscheiden. Sie unternimmt von allen Vögeln den längsten Vogelzug: Vom Nordpol bis zum Südpol und zurück legt sie fast 40 000 Kilometer zurück!

Brandseeschwalbe

Die Brandseeschwalbe hat einen schwarzen Kopf mit einem struppigen schwarzen Schopf, einen schwarzen Schnabel mit gelber Spitze und schwarze Beine. Sie ist die größte und blasseste unserer Seeschwalben. Sie brütet an Sandstränden und auf Kiesbänken.

Brandseeschwalbe

- 36–41 cm
- ganzjährig
- häufig an der Küste
- scharfes „ki-rrick" verschiedene laute kreischende und heulende Rufe
- Aas, Samen, Früchte, Insekten, Fische, Eier, Jungvögel, kleine Säugetiere, menschliche Essensreste

Brandseeschwalbe

Halte dich von Seeschwalbenkolonien fern, damit du die Vögel nicht störst.

Zwergseeschwalbe

Die Zwergseeschwalbe hat eine schwarze Kappe mit weißer Stirn und einen gelben Schnabel. Der kleine Seevogel macht schnatternde Geräusche. Die Eier sind an Kiesstränden gut getarnt. Das schützt sie vor Fressfeinden, aber leider nicht vor Menschen, die sie leicht zertreten können.

Zwergseeschwalbe

- 22–24 cm
- Sommergast
- häufig an der Küste
- schrilles „kriit-kriit"
- Fische

Zwergseeschwalbe

Dreizehenmöwe

Die mittelgroße Möwe ist weiß mit grauem Rücken, gelbem Schnabel und schwarzen Füßen. Sie ist eine echte Seemöwe, denn sie findet ihre Nahrung ausschließlich auf dem offenen Meer. Sie brütet in großen, lauten Kolonien auf Klippen. Ihr vierter Zeh ist verkümmert, daher der Name.

Dreizehenmöwe

Dreizehenmöwe

- 38–40 cm
- ganzjährig
- Meeresklippen, offenes Meer
- quäkender Ruf „kiti-uääh"
- Fische, andere Meerestiere

Tordalk

Rücken und Kopf dieses Seevogels sind dunkelbraun, die Unterseite ist weiß. Er hat einen klobigen, an den Seiten abgeflachten Schnabel mit weißen Linien. Den Winter verbringt er auf dem Meer und kommt nur an Land, um zu brüten.

Tordalk

- 37–39 cm
- Winter
- Meeresklippen, offenes Meer
- knarrende Rufe am Nest
- Fische

Trottellumme

Die Trottellumme ist mittelgroß, schlanker als der Tordalk und hat einen schmaleren Schnabel. Sie ist schwarzbraun und weiß und sieht ein bisschen aus wie ein Pinguin. Manche Trottellummen haben eine Zeichnung um die Augen, die wie eine Brille aussieht. Trottellummen brüten in großen Kolonien auf Klippen und Felsvorsprüngen.

Trottellumme

- 38–41 cm
- ganzjährig
- Meeresklippen, offenes Meer
- knarrende Rufe am Nest
- Fische, Krebstiere

Papageitaucher

Der Papageitaucher ist leider bei uns nicht heimisch. Mit etwas Glück entdeckst du diesen schwarz-weißen Seevogel mit dem farbenfrohen rot-blau-gelben Schnabel aber im Urlaub auf den Britischen Inseln oder in der Bretagne. Der Schnabel ist nur im Sommer bunt, im Winter wird er grau. Er hat innen kleine Haken, die die Fische festhalten. Der Papageitaucher kann sehr schnell fliegen, außerdem gut schwimmen und tauchen. An Land watschelt er und sieht dabei sehr lustig aus.

Papageitaucher

Ein Papageitaucher setzt seine Schwimmfüße als Bremsen ein, wenn er landet.

Ein Papageitaucher-Paar bleibt normalerweise ein Leben lang zusammen.

Papageitaucher

- 26–29 cm
- nicht heimisch
- Meeresklippen und offenes Meer
- knarrende Rufe am Nest
- Fische

Papageitaucher nisten auf Klippen.

Stadttaube

Die Stadt- oder Straßentaube ist meist überwiegend grau, kann aber auch schwarz, weiß oder braun sein. Oft hat sie einen grün-violett schillernden Fleck am Hals, einen weißen Bürzel und schwarze Flügelbinden. Sie lebt in großen Gruppen in Städten und Ortschaften und ist sehr zahm.

Stadttaube

- 31–35 cm
- ganzjährig
- häufig
- Städte und Ortschaften, Klippen, Ackerland
- gurrende Rufe
- Getreide und andere Samen, menschliche Essensreste

Stadttauben sind nicht anspruchsvoll – sie fressen unsere Essensabfälle ebenso wie Körner und Samen.

Stadttauben schlafen und brüten auf Gebäuden.

Beim Auffliegen machen die Flügel der Ringeltaube ein lautes Flattergeräusch.

Ringeltaube

- 40–43 cm
- ganzjährig
- häufig
- Ackerland, Wälder, Parks, Gärten
- „GUH-guh-gugu-guh, GUH-guh-gugu-guh"
- Körner, Knospen, Blätter und Samen, besonders Kohl und Erbsen, Käfer und andere Insekten

Ringeltaube

Ringeltaube

Die Ringel- oder Waldtaube ist unsere größte Taube. Sie ist grau und hat grüne und weiße Flecken am Hals. Achte auf die weißen Flügelspiegel, wenn sie fliegt. Ringeltauben sind auf Ackerland, in Wäldern und Städten häufig anzutreffen.

Turteltaube

Die Turteltaube ist kleiner und dunkler als die Türkentaube. Sie hat ein Schuppenmuster auf dem Rücken und schwarz-weiß gestreifte Halsflecken. Sie ist ein Sommergast und wird zunehmend seltener.

Türkentaube

Die Türkentaube ist rötlich grau und hat einen schwarzen „Kragen" am Hals. Wenn sie fliegt, kannst du die weiße Binde am Schwanz sehen. Achte auch auf die roten Augen und rötlichen Füße. Türkentauben-Pärchen sieht man häufig in Parks, Gärten und auf Bauernhöfen.

Türkentaube

- 31–33 cm
- ganzjährig
- Ackerland, Wälder, Gärten
- dreisilbiger Ruf „gu-guh-gu"
- Körner, Samen, Früchte, manchmal Insekten

Kuckuck

Der Kuckuck sieht aus wie ein kleiner Greifvogel. Aber du hörst ihn viel eher, als dass du ihn siehst. Sein „Ku-kuck"-Ruf ist ein Bote des Frühlings. Der Kuckuck legt seine Eier in die Nester anderer Vögel. Wenn ein Kuckuckjunges schlüpft, schiebt es alle anderen Eier oder Küken aus dem Nest und lässt sich füttern.

Kuckuck

- 30–32 cm
- Sommergast
- Moorgebiete, Ackerland, Röhricht, Küsten
- lautes „ku-kuck" im Frühling
- Raupen und andere Insekten

Kuckucke sind selten geworden, weil sie bei uns und in ihren Winterquartieren in Afrika immer weniger Nahrung finden.

Eine Kuckucksmutter legt bis zu 22 Eier in verschiedene Nester.

Kuckucke fressen gern behaarte Raupen. Sie schütteln erst die ekligen Haare ab und lassen es sich dann schmecken.

Schleiereule

Die Schleiereule hat ein herzförmiges Gesicht, ist hell gefärbt und an der Unterseite schneeweiß. Sie geht in der Dämmerung auf die Jagd und findet ihre Beute mithilfe ihres ausgezeichneten Gehörs. Ein Ohr steht höher als das andere. So kann sie den genauen Ort feststellen, von dem ein Laut kommt.

Die Schleiereule frisst in einer Nacht etwa vier kleine Säugetiere.

Schleiereule

- 33–35 cm
- ganzjährig
- Ackerland, Wälder
- schrille und heisere Schreie
- hauptsächlich Mäuse, Wühlmäuse, Spitzmäuse, auch Ratten, kleine Vögel, Frösche

Schleiereule

Die Federn der Schleiereule sind sehr weich und ermöglichen ihr lautloses Fliegen.

Eulen können ihren Kopf ganz weit herumdrehen und so nach hinten schauen.

Waldkauz

Der Waldkauz ist eine braune oder gräuliche Eule. Er ruht tagsüber auf einem Baum und jagt nachts kleine Säugetiere, Vögel, Insekten und Würmer. Er sieht hervorragend im Dunkeln und hat wie alle Eulen ein ausgezeichnetes Gehör.

Waldkauz

- 37–39 cm
- ganzjährig
- Wälder, Parks, Gärten
- „huu-hu-huhuhuu" und „kju-witt"
- hauptsächlich Wühlmäuse, Mäuse, Spitzmäuse, auch Vögel, Würmer, Insekten

Waldkauz

Der Waldkauz liebt alte Bäume.

Steinkauz

Der Steinkauz ist eine kleine Eule mit flachem Kopf, gelben Augen und weißen „Augenbrauen". Er sieht aus, als ob er die Stirn runzelt. Der Steinkauz frisst hauptsächlich Käfer.

Grünspecht

Der Grünspecht ist grün mit gelbgrünem Bürzel und rotem Scheitel. Der rote Bartstreif des Männchens ist schwarz umrandet. Der Grünspecht sucht seine Nahrung meist am Boden und hüpft unbeholfen herum auf der Suche nach Ameisen, seiner Lieblingsspeise. Er hat eine sehr lange, klebrige Zunge. Damit holt er geschickt die Ameisen aus ihrem Bau.

Der Ruf des Grünspechts klingt wie lautes Gelächter.

Grünspecht

- 31–33 cm
- ganzjährig
- offene Waldgebiete, Parks
- lautes, lachendes „klü-klü-klü-klü"
- hauptsächlich Ameisen, auch Käfer, Fliegen, Raupen

Die Zunge des Grünspechts ist länger als Kopf und Schnabel zusammen. Wenn er sie nicht herausstreckt, liegt sie aufgerollt hinter den Augen.

Buntspecht

Der Buntspecht ist schwarz-weiß und unter dem Schwanz kräftig rot. Das Männchen hat einen roten Fleck im Nacken. Der Buntspecht lebt in Wäldern, besucht manchmal aber auch Gärten. Um an Insekten und Larven heranzukommen, hämmert er Löcher in die Baumrinde und zieht die Beute darunter hervor.

Buntspechte haben kräftige Nackenmuskeln und der Schnabel ist federnd mit dem Schädel verbunden. So können sie hämmern, ohne ihren Kopf zu verletzen.

Buntspecht

- 22–23 cm
- ganzjährig
- häufig
- Wälder, Parks, Gärten
- lauter „kix-kix"-Ruf
- Insekten, Nüsse

Den Buntspecht siehst du fast nie am Boden.

Eisvogel

16–17 cm

ganzjährig

langsam fließende Flüsse, Seen, Kanäle

scharfes, schrilles „ziii"

kleine Fische, Wasserinsekten

Eisvögel legen ihre Eier in Brutröhren, die sie in die Uferböschung graben.

Eisvogel

Der Eisvogel ist ein kleiner Vogel, der wie ein schillernd blau-orangefarbener Blitz am Fluss entlangfliegt. Er ist sehr scheu und bewegt sich so schnell, dass er trotz seiner kräftigen Farben kaum zu sehen ist. Es sei denn, er ist auf der Jagd. Regungslos hält er dann am Ufer nach einem Fisch Ausschau, plötzlich stürzt er sich kopfüber ins Wasser und fängt ihn mit seinem dolchartigen Schnabel.

Im Winter, wenn die Flüsse gefroren sind, finden Eisvögel kaum Nahrung. Dann tauchen sie überall auf, wo es noch offene Wasserstellen gibt.

Eisvogel

Wasserverschmutzung ist ein großes Problem für die Eisvögel.

Rauchschwalbe

Dieser Sommergast hat eine rote Kehle und Stirn, eine blauschwarze Oberseite sowie einen hellen Bauch und einen langen Gabelschwanz. Die Rauchschwalbe ist einer der schnellsten und wendigsten Flieger. Sie fängt mitten im Flug mit ihrem großen, breiten Schnabel Insekten. Halte am Ende des Sommers Ausschau nach Rauchschwalben, die sich auf Telefon- und Stromleitungen für ihren Flug nach Afrika sammeln.

Rauchschwalbe

- 17–19 cm
- Sommergast
- häufig
- Ackerland, Dörfer, Teiche
- Ruf „witt-witt", langer zwitschernder Gesang
- fliegende Insekten

Rauchschwalben können auf ihrem Zug tagsüber fliegen. Andere kleine Vögel fliegen nur nachts.

Junge Rauchschwalben ziehen wenige Wochen, nachdem sie das Nest verlassen haben, bereits in den Süden.

Mauersegler

Der Mauersegler lebt im Sommer bei uns. Er ist dunkelbraun mit langen, sichelförmigen Flügeln und einem kurzen Gabelschwanz. Mauersegler fliegen sehr hoch und gehören zu den schnellsten Fliegern der Vogelwelt. Die meiste Zeit verbringen sie in der Luft.

Mauersegler

- 16–17 cm
- Sommergast
- häufig
- Ortschaften, Seen
- schrilles, lautes Kreischen
- fliegende Insekten

Mehlschwalbe

- 12,5 cm
- Sommergast
- häufig
- Ortschaften und Dörfer
- Ruf im Flug „brrit“, leiser, zwitschernder Gesang
- fliegende Insekten

Mehlschwalbe

Die Mehlschwalbe hat einen blauschwarzen Rücken, einen schwarzen Gabelschwanz und eine weiße Unterseite. Sie ist nirgendwo rot und hat auch keine langen Schwanzspieße wie die Rauchschwalbe. Sie baut ihr Nest häufig unter dem Dachvorsprung von Häusern und Scheunen.

Mehlschwalben überwintern in Afrika, die Forscher wissen aber nicht genau, wohin sie ziehen.

Mehlschwalbe

Uferschwalbe

Die Uferschwalbe ist braun mit weißer Unterseite. Dieser Sommergast brütet in sandigen Steilufern. Weil die Sahara sich ausbreitet, kommen jedes Jahr weniger Vögel zurück zu uns.

Feldlerche

Die Lerche ist ein mittelgroßer Singvogel. Sie ist hellbraun gestreift und hat eine braune Federhaube auf dem Kopf. Im Frühling vollführt die Lerche einen außergewöhnlichen Singflug: Sie steigt hoch, rüttelt und schwebt dann hinunter. Dabei trillert sie die ganze Zeit ihr Lied.

Lerche

- 18–19 cm
- ganzjährig
- Ackerland, Wiesen und Weiden, Moorgebiete, Küsten
- Ruf „priit", tirilierender Gesang
- Insekten, Spinnen, Schnecken, Körner, Blätter

Strandpieper

Der Strandpieper ist ein kleiner Singvogel, kaum größer und wenig dunkler und grauer als ein Wiesenpieper. Er ist das ganze Jahr über an Felsküsten zu finden. Schau, wie er Insekten und andere winzige Tiere aus dem Seegras pickt.

Der Singflug der Lerche kann bis zu zehn Minuten dauern.

Früher war die Lerche weit verbreitet. Heute ist sie selten geworden. Sie brütet auf dem Boden. Eier und Küken sind daher stets in großer Gefahr.

Wiesenpieper

Der Wiesenpieper ist ein kleiner, hellbraungrauer Vogel mit gesprenkeltem Bauch und dünnen orangefarbenen Beinen. Wenn du im Sommer durch ein Moorgebiet läufst, sind die meisten kleinen Vögel, die du entdeckst, wahrscheinlich Wiesenpieper.

Wiesenpieper

- 14,5 cm
- ganzjährig
- Moorgebiete
- dünner pfeifender Ruf, das Lied ist eine Abfolge hoher Töne, die mit einem Triller endet
- Fliegen, Käfer, Spinnen, Samen

Strandpieper

- 16,5–17 cm
- ganzjährig
- Felsenküste
- hohes schrilles „wiiit", trillernder Gesang
- Fliegen, Mücken, Käfer, Schnecken

Bachstelze

Die Bachstelze ist ein kleiner schwarz-weiß-grauer Vogel. Das Männchen hat einen schwarzen Schnabel, das Weibchen einen grauen. Bachstelzen leben in der Nähe von Gewässern, man sieht sie aber auch in der Stadt. Halte Ausschau nach einer Bachstelze, die herumtrippelt und dabei mit dem langen Schwanz auf- und abwippt oder im Flug emsig Insekten fängt.

Nachts schlafen Bachstelzen dicht zusammengedrängt in größeren Vogelgruppen.

Bachstelze

- 18 cm
- ganzjährig
- Stadt und Land
- scharfer „zississ"-Ruf im Flug, zwitschernder Gesang
- Fliegen, Raupen, andere Insekten

Bachstelzen werden bis zu 10 Jahre alt.

Schafstelze

Die Schafstelze ist fast ganz gelb mit einem grüngelben Rücken, gelber Unterseite und gelbem Gesicht. Sie hat schwarze Beine und ist ein häufiger Sommergast auf Bauernhöfen.

Schafstelzen haben einen auffälligen, wellenförmigen Flug.

Gebirgsstelze

- 18–19 cm
- ganzjährig
- Bäche, Flüsse, Teiche, Kanäle
- scharfer „zississ"-Ruf im Flug
- Insekten, Spinnen, kleine Wasserschnecken, Kaulquappen

Gebirgsstelze

Die Gebirgsstelze ist grau und gelb. Rücken, Gesicht und Schwanz sind grau, unter dem Schwanz ist sie hellgelb. Sie hat helle Beine. Das Männchen hat im Sommer eine schwarze Kehle. Die Gebirgsstelze wippt auffällig mit dem Schwanz.

Der Schwanz der Gebirgsstelze ist sehr lang – länger als der einer Bachstelze.

Wasseramsel

Die Wasseramsel ist ein rundlicher Vogel. Sie ist schwarzbraun mit einem weißen Brustlatz und lebt an schnell fließenden Flüssen und Bächen in hügeliger Landschaft. Auf einem Stein wippt sie auf und ab und taucht ins Wasser, um Insekten, Kaulquappen und Würmer zu fangen. Sie kann auch unter Wasser laufen.

Ein drittes Lid schützt ihre Augen, wenn sie taucht, schwimmt oder unter Wasser läuft.

Wasseramsel

- 18 cm
- ganzjährig
- schnell fließende Bäche und Flüsse im Hügelland
- scharfer „zit-zit“-Ruf im Flug, tirilierender Gesang
- Wasserinsekten, Kaulquappen, Würmer

Eine besondere Haut hält ihre Nasenöffnung unter Wasser geschlossen.

Schwarzkehlchen

Das Schwarzkehlchen ist ein lauter kleiner Vogel, der in Moor- und Heidegebieten lebt. Das Männchen hat einen schwarzen Kopf, einen weißen Nackenfleck und eine rotbraune Brust. Das Weibchen ist matter gefärbt.

Steinschmetzer sind vom Aussterben bedroht.

Steinschmätzer

Der Steinschmätzer ist ein Sommergast in Moorgebieten. Er hat einen grauen Rücken und Kopf, eine schwarze „Maske" über den Augen, schwarze Flügel und einen weißen Bürzel.

Gartenrotschwanz

Der Gartenrotschwanz ist ein Sommergast. Beim Männchen sind Kopf, Rücken und Kehle schwarz. Die Unterseite und der Schwanz sind rostrot. Das Weibchen ist bräunlich mit einem rostroten Schwanz.

Der rote Schwanz wippt ständig.

Nachtigall

Die Nachtigall ist ein kleiner brauner Vogel. Sie ist sehr scheu und lebt so verborgen, dass du sie wahrscheinlich nicht siehst. Dafür kannst du im Frühling vor dem Morgengrauen oder nach der Abenddämmerung ihren schönen Gesang hören.

Heckenbraunelle

Die Heckenbraunelle ist ein kleiner braungrauer Vogel mit einem dünnen schwarzen Schnabel. Sie huscht auf der Suche nach Insekten und Würmern durchs Gebüsch, daher der Name.

Alle Vögel hier sind etwa so groß wie ein Rotkehlchen.

Rotkehlchen

Das Rotkehlchen ist ein kleiner brauner Vogel mit einer leuchtend orangeroten Brust. Halte in Gärten und Parks Ausschau nach ihm. Es nickt mit dem Kopf und sucht nach Würmern, Samen und Früchten. Rotkehlchen singen das ganze Jahr, um andere Rotkehlchen fernzuhalten. Mit ihrer bunten Brust schrecken sie Rivalen ab, in ihr Revier einzudringen.

Rotkehlchen

- 13–14 cm
- ganzjährig
- häufig
- fast jeder Lebensraum
- „tick-tick"-Ruf, ganzjährig melodischer Gesang
- Spinnen, Käfer, Fliegen, Würmer, Beeren, Körner

Rotkehlchen kannst du bei uns auch im Winter singen hören.

Bei Kälte plustern Rotkehlchen ihr Gefieder auf, um sich warm zu halten.

Rotkehlchen sind oft sehr zutraulich und hüpfen im Garten den Menschen hinterher, um zu beobachten, ob sie bei der Gartenarbeit leckere Würmer aufscheuchen.

Zaunkönige sind noch recht häufig anzutreffen.

Zaunkönig

Der Zaunkönig ist winzig, besitzt aber eine große Stimme. Über dem Auge hat er einen hellen Streif. Den Schwanz stellt er meist steil auf. Er singt lautstark und manchmal zittert dabei der ganze Körper. In Winternächten versammeln sich Zaunkönige an ihren Schlafplätzen. Dabei kuscheln sich mehr als 60 Vögel aneinander, um sich zu wärmen!

Zaunkönig

- 9–10 cm
- ganzjährig
- häufig
- fast jeder Lebensraum
- scharfer „täk-täk"-Ruf, lauter, schmetternder Gesang
- Insekten, andere wirbellose Tiere

Ein Zaunkönig wiegt weniger als ein Bleistift.

Amsel-
Weibchen
Wenn sie beunruhigt sind, machen Amseln manchmal zeternde Geräusche.

Amsel

Das Männchen ist pechschwarz mit einem leuchtend orangefarbenen Schnabel und gelben Augenringen. Das Weibchen ist braun und die Jungvögel sind braun gefleckt. Amseln leben besonders gern in Gärten. Beobachte eine Amsel, wie sie mit seitlich geneigtem Kopf auf Bewegungen von Würmern unter der Erde lauscht. Dann stampft sie mit den Füßen, um den Wurm herauszulocken. Achte auf den lauten, melodischen Gesang.

Amsel

- 24–25 cm
- ganzjährig
- häufig
- Wälder, Parks, Gärten
- schriller „tick-tick-tick"-Ruf und abwechslungsreicher Gesang
- Insekten, Würmer, Beeren

Amselküken verlassen das Nest, ehe sie fliegen können. Sie hüpfen herum, bis sie fliegen lernen.

Amsel-Männchen

Misteldrossel

Die Misteldrossel ist etwas größer als eine Amsel. Sie ist oben braun, hat eine gefleckte Brust und einen dunklen Schnabel. Sie sitzt in der Spitze eines hohen Baums und singt ihr Lied, sogar bei stürmischem Wetter. Ihr Futter verteidigt sie energisch – sogar gegen Krähen.

Misteldrossel

- 27 cm
- ganzjährig
- häufig
- Wälder, Parks
- lauter, schnarrender Ruf, lauter Gesang
- Insekten, Würmer, Schnecken, Beeren, Früchte

Die Misteldrossel frisst Mistelbeeren und verbreitet so die Samen der Pflanze.

Singdrossel

Die Singdrossel ist etwas kleiner, hat eine gefleckte Brust und einen schönen, melodischen Gesang. Singdrosseln lieben Schnecken. Sie schlagen das Gehäuse so lange gegen einen Stein, bis es zerspringt. Im Winter fressen sie gern Beeren.

Die Brust der Singdrossel ist schwarzbraun gefleckt.

Singdrossel

- 23 cm
- ganzjährig
- häufig
- Wälder, Parks, Gärten
- spitzer „ziit"-Ruf, lauter, melodischer Gesang
- Schnecken, Würmer, Insekten, Beeren

Wacholderdrossel

Die Wacholderdrossel ist etwas kleiner als eine Amsel, hat dunkle Flügel, einen grauen Kopf, eine ockergelbe Kehle und einen gelben Schnabel. Sie ist bei uns ein Wintergast. Dann fallen lärmende Trupps von Wacholderdrosseln oft mit anderen Drosseln auf einem Baum ein und ziehen erst weiter, wenn er leer gefressen ist.

Wacholderdrosseln brüten in Skandinavien.

Wacholderdrossel

Wacholderdrossel

- 27 cm
- Wintergast
- häufig
- Felder, Parks, Hecken, Obstgärten
- schnatternder „tschack-tschack-tschack"-Ruf im Flug
- Insekten, Würmer, Beeren

Rotdrossel

Die Rotdrossel ist unsere kleinste Drossel. Ihren Namen hat sie von dem rostroten Fleck unter den Flügeln. Du kannst ihn gut sehen, wenn sie fliegt. Sie hat einen weißen Streif über den Augen, ist oben braun und unten gefleckt. Rotdrosseln naschen besonders gern Beeren oder Fallobst.

Rotdrossel

Mit etwas Fallobst kannst du alle Drosseln im Winter in deinen Garten locken.

Rotdrossel

- 21 cm
- Wintergast
- häufig
- Ackerland, Parks, Hecken, Obstgärten
- weicher „ziieh"-Ruf im Flug
- Beeren, Insekten, Würmer, Schnecken

Überraschungsgäste

Seidenschwanz

Der Seidenschwanz ist ein eher kleiner, rosabrauner Vogel mit prächtigen schwarzen, gelben und weißen Zeichnungen. Die kleinen hellroten Flecken auf den Flügeln sehen wie Wachstropfen aus. Er frisst mit Vorliebe Beeren.

Wiedehopf

Der leuchtend orangerosa gefärbte Vogel hat schwarz-weiße Flügel und Schwanz und einen kunstvollen Federschopf. Der Name dieses seltenen Frühjahrsgasts kommt wohl von seinem Ruf, der wie „wuhtup" klingt.

Pirol

Der farbenfrohe Vogel hat die Größe einer Amsel. Das Männchen ist leuchtend gelb und schwarz, das Weibchen ist mattgrün und weißgrau mit Längsstreifen. Der Pirol ist ein seltener Frühjahrsgast und trotz seiner kräftigen Farbe ein Meister im Verstecken.

Halsbandsittiche stammen aus Asien und Afrika. Aus entflogenen Haustieren hat sich inzwischen ein stabiler Wildbestand entwickelt.

Halsbandsittich

Der mittelgroße Papagei ist hellgrün mit rotem Schnabel und einem rosa-schwarzen Band um den Hals. Diese Neubürger bilden große Schwärme und sind mit ihrem lauten Kreischen nicht zu überhören. Sie fressen Knospen, Früchte und Nüsse.

Schilfrohrsänger

Der Schilfrohrsänger hat einen schmutzig-weißen Augenstreifen.

Das Männchen verstummt, sobald ein Weibchen angekommen ist.

Schilfrohrsänger

- 13 cm
- Sommergast
- Röhricht, Wassergräben
- Ruf „tsäck" und „schrr", langer, schwatzender Gesang
- Insekten, Spinnen, Würmer, Schnecken

Schilfrohrsänger

Der Schilfrohrsänger ist klein, braun und hat einen auffälligen hellbeigen Streif über den Augen. Er ist ein Sommergast und brütet in dichtem Schilf, meist am Wasser. Das Männchen singt, um ein Weibchen anzulocken. Sein vielseitiger Gesang klingt immer wieder anders.

Rohrsänger sind eine Gruppe kleiner Singvögel.

Teichrohrsänger

Der Teichrohrsänger hat nur einen schwachen hellen Streifen über den Augen. Auch er ist ein Sommergast und brütet im Schilf. Er flicht aus Schilfhalmen und Gräsern ein napfförmiges, tiefes Nest, damit die Küken bei Wind nicht weggeblasen werden.

Teichrohrsänger können sich gut verstecken, sogar wenn sie singen.

Teichrohrsänger

Teichrohrsänger

- 13 cm
- Sommergast
- Röhricht, Sümpfe, Wassergräben
- scharfer „tschirrr"-Alarmruf
- Insekten, Spinnen, Schnecken

Kuckuckseier landen häufig in Nestern von Teichrohrsängern.

Mönchsgrasmücke

Die Mönchsgrasmücke ist etwa so groß wie eine Kohlmeise. Männchen haben eine schwarze Kappe, Weibchen eine braune. Mönchsgrasmücken sind häufige Sommergäste in unseren Wäldern und einzelne Vögel bleiben auch den Rest des Jahres bei uns.

Mönchsgrasmücke

- 13 cm
- Sommergast, aber teilweise auch ganzjährig
- Wälder, Parks, Gärten
- harte „täck“ und „tscherr“-Rufe, melodischer Gesang
- Insekten, Beeren

Dorngrasmücke

Das Männchen der Dorngrasmücke hat einen grauen Kopf, das Weibchen einen braunen. Die Dorngrasmücke ist ein Sommergast, der sich meist in Büschen versteckt, aus denen er dann überraschend hervorhüpft.

Dorngrasmücke

- 14 cm
- Sommergast
- Hecken, Moorgebiete
- „tscherr“- und „wähd-wähd-wähd“-Rufe, krächzender Gesang
- Insekten

Zilpzalp

Die Oberseite dieser kleinen Grasmücke ist grünlichbraun, die Unterseite blass. Der Zilpzalp hat einen hellen Streif über den Augen und dunkle Beine. Im Sommer findet man ihn in Wäldern und im Buschland. Der Name kommt von seinem „zilp-zalp“-Gesang. Er huscht von Zweig zu Zweig und wippt dabei unentwegt mit Flügeln und Schwanz.

Zilpzalp

- 10–11 cm
- Sommergast
- häufig
- Wälder, Parks, Gärten
- „zilp-zalp“-Gesang
- Insekten

Viele Grasmückenarten sehen sich sehr ähnlich und sind schwer zu unterscheiden.

Zilpzalp

Wintergoldhähnchen

Das Wintergoldhähnchen ist keine Grasmücke, aber dafür der kleinste Vogel Europas. Es hat eine leuchtend orangegelb-schwarze Federhaube und große schwarze Augen. Der Rücken ist grünlich, die Unterseite hell. Du findest es in Wäldern. Manchmal hängt es kopfüber an Kiefernzweigen, um die Insekten von den Nadeln zu picken.

Wintergoldhähnchen

- 9 cm
- ganzjährig
- häufig
- Wälder, Parks, Gärten
- schriller „sri-sri-sri“-Ruf, Gesang „li-i-siedli-li-i- siedli-i-didl-iio“
- Insekten, Spinnen

Wintergoldhähnchen-Männchen

Grauschnäpper

Der Grauschnäpper ist ein wahrer Flugakrobat. Er schießt von einer hohen Warte vor, schnappt ein fliegendes Insekt, wendet in der Luft und kehrt dann zu seinem Ansitz zurück. Die Oberseite ist gräulich-braun, die Unterseite hell. Brust und Kopf sind fein gestrichelt.

Grauschnäpper

- 14,5 cm
- Sommergast
- Wälder, Parks, Gärten
- leiser „ziet"-Ruf, sanfter, unauffälliger Gesang
- Insekten

Trauerschnäpper

- 13 cm
- Sommergast
- Wälder
- scharfer „pik"-Ruf
- Insekten

Trauerschnäpper-Männchen

Trauerschnäpper

Der Trauerschnäpper ist kleiner und rundlicher als der Grauschnäpper. Das Männchen ist schwarz-weiß und das Weibchen graubraun-weiß. Er flattert und rüttelt in der Luft, um fliegende Insekten zu fangen, frisst aber auch am Boden.

Blaumeise

Die lebhafte, laute Blaumeise ist einer unserer bekanntesten Gartenvögel. Sie hat eine gelbe Brust, weiße Wangen und eine himmelblaue Kappe. Ein Blaumeisenpaar kann Hunderte Raupen am Tag fangen, um damit die hungrigen Küken zu füttern. Beobachte, wie Blaumeisen kopfüber am Meisenknödel hängen oder schnell von Busch zu Busch fliegen.

Blaumeise

- 11,5 cm
- ganzjährig
- häufig
- Gärten, Parks, Wälder
- hoher „zii-zii"-Ruf und zirpender Alarmruf
- Insekten, Raupen, Spinnen, Beeren, Nüsse, Samen

Wenn Blaumeisenküken das Nest verlassen, haben sie bis zu 10 000 Raupen gefressen.

Ein Blaumeisen-Weibchen produziert mehr als sein eigenes Gewicht an Eiern: 7 bis 14 in einem Gelege. Es legt die Eier ein paar Tage lang.

Blaumeise

Schau nach ein paar Küken, die in einem Baum auf die Fütterung warten.

Schwanzmeise

Der Schwanz dieser Kletterkünstlerin ist doppelt so lang wie ihr Körper. Die Schwanzmeise hat einen schwarz-rosa Rücken und einen weißen Kopf mit schwarzem Scheitelstreif. Die Unterseite ist blassrosa. Im Winter kuscheln sich die Vögel dicht aneinander, um sich gegenseitig zu wärmen.

Schwanzmeise

- 14 cm
- ganzjährig
- häufig
- Gärten, Parks, Wälder
- schriller „tsi-tsi-tsi"-Ruf mit kurzen, zischenden Trillern
- Insekten und ihre Eier und Larven, Samen

Tannenmeise

Die Tannenmeise ist das kleinste Mitglied der Meisenfamilie. Du erkennst sie an dem breiten weißen Streifen am Hinterkopf. Der Kopf ist rabenschwarz. Tannenmeisen leben gern in Nadelwäldern. Mit ihrem schmalen Schnabel können sie gut zwischen den langen Nadeln und Zapfen der Bäume herumstochern.

Tannenmeise

- 11,5 cm
- ganzjährig
- häufig
- Gärten, Parks, Wälder
- hoher „sii-sii"-Ruf, lauter Gesang „sitüi-sitüi-sitüi"
- Insekten, Raupen, Spinnen

Bei Schnee ernähren sich die Tannenmeisen von Insekten, die unter der Baumrinde sitzen.

Tannenmeise

Sumpfmeise

Die Sumpfmeise hat eine glänzend schwarze Kappe. Sie hat keinen hellen Streifen auf dem Kopf oder an den Flügeln wie die Tannenmeise. Sie mischt sich gern mal unter andere Meisen.

Tannen- und Sumpfmeisen verstecken Samen für Regentage. Für ihre Größe ist der Teil ihres Gehirns, mit dem sie sich an Dinge erinnern, groß.

Kohlmeise

- 14 cm
- ganzjährig
- häufig
- Gärten, Parks, Wälder
- viele verschiedene Gesänge, alle mit zweinotigem Muster, darunter „zizibä-zizibä"
- Insekten, Raupen, Samen, Nüsse

Mit ihrem kräftigen Schnabel knackt die Kohlmeise Nüsse und Samen.

Kohlmeise

Kohlmeise

Die Kohlmeise ist das größte Mitglied der Meisenfamilie. Sie hat einen schwarzen Kopf, weiße Wangen, einen grünen Rücken und eine gelbe Unterseite mit einem schwarzen Mittelstreifen. Sie ernährt sich von vielerlei Nahrung und vertreibt manchmal kleinere Meisen, damit sie das beste Futter bekommt.

Weidenmeise

Die Weidenmeise sieht der Sumpfmeise so ähnlich, dass man die beiden am ehesten an ihrem Gesang unterscheiden kann. Aber ihre schwarze Kappe ist größer als die der Sumpfmeise und matt statt glänzend, und sie hat ein helles Muster auf den Flügeln.

Der Kleiber verklebt den Eingang seiner Nisthöhle mit Lehm, sodass er gerade noch hindurchschlüpfen kann, aber andere Vögel draußen bleiben.

Kleiber

- 14 cm
- ganzjährig
- häufig
- Wälder, Parks, Gärten
- lautes „tuit-tuit-tuit", auch trillerndes „wiüwiüwiü"
- Insekten, Spinnen, Nüsse, Samen

Kleiber können einen Baumstamm kopfüber hinunterlaufen!

Kleiber

Der Kleiber ist ein hübscher Vogel, der wie ein kleiner Specht aussieht. Er hat einen blaugrauen Rücken, einen schwarzen Augenstreif und seine Unterseite ist orange. Der Kleiber klopft laut auf die Rinde, hämmert mit seinem kräftigen, spitzen Schnabel Nüsse auf und klaubt Insekten aus den Ritzen.

Waldbaumläufer

Der Waldbaumläufer ist ein scheuer Vogel, der Baumstämme in Spiralen erklimmt, ehe er an den Fuß des nächsten Baums fliegt und von Neuem beginnt. Er hat einen fleckig braunen Rücken, einen weißen Augenstreif und einen schmalen, abwärts gebogenen Schnabel. Damit pickt er Insekten aus der Rinde.

Sein Nest legt er unter loser Baumrinde und in Spalten an.

Ein Waldbaumläufer hat lange Krallen, mit denen er sich an der Rinde festkrallt.

Waldbaumläufer

- 12,5 cm
- ganzjährig
- häufig
- Wälder
- dünner „srih"-Ruf, schriller, trillernder Gesang
- Insekten

Eichelhäher

Der Eichelhäher ist ein großer farbenprächtiger Rabenvogel. Er hat einen rosabraunen Körper, einen schwarzen Bartstreif und schillernde blau-schwarze Flügel. Obwohl Eichelhäher so bunt sind, sieht man sie kaum, denn sie sind scheu. Im Herbst sammeln sie einen Wintervorrat aus Eicheln, den sie vergraben.

Eichelhäher

- 34–35 cm
- ganzjährig
- häufig
- Wälder, Gärten
- lautes Kreischen
- Eicheln, andere Samen, Nüsse, Insekten, Eier und Küken von anderen Vögeln

Achte beim fliegenden Eichelhäher auf den weißen Bürzel.

Einige der vergrabenen Eicheln wachsen zu neuen Bäumen heran.

Eichelhäher

Sein scharfer Ruf erschreckt andere Waldvögel.

Elster

Die Elster ist ein großer Rabenvogel. Sie ist schwarz-weiß. Die schwarzen Flügel und der Schwanz glänzen im Licht aber metallisch blau oder grün. Elstern sind laut und schnattern gern miteinander. Achte auf ihren lauten, „schackernden" Ruf. Du findest sie in der Stadt und auf dem Land.

Elster

- 44–46 cm
- ganzjährig
- häufig
- Wälder, Ackerland, Städte, Gärten, Parks
- lauter, schackernder Ruf
- Früchte, Beeren, Insekten, Würmer, Eier und Küken anderer Vögel, Aas

Elstern und andere Rabenvögel fressen die Eier und Küken anderer Vögel. Aber so ist die Natur – das eigentliche Problem für kleine Vögel ist, dass sie zu wenig Nahrung und Nistplätze finden.

Elster

Elsternpaare bleiben meist ein Leben lang zusammen.

Wenn es viel Nahrung gibt, legen Elstern Vorräte an. Sie graben mit ihrem Schnabel ein Loch, legen die Nahrung hinein und decken es mit einem Stein oder Blatt ab.

Aaskrähe

Die Aaskrähe ist ein großer schwarzer Rabenvogel mit einem kräftigen schwarzen Schnabel. Sie heißt so, weil sie Aas frisst. Sie nimmt aber auch fast alles andere an Essbarem. Aaskrähen sind sehr schlau. Sie zerschmettern Nüsse, indem sie diese aus der Höhe auf die Straße fallen lassen.

Rabenvögel gehören zu den intelligentesten Tieren. In einem Experiment löste eine Aaskrähe ein achtstufiges Rätsel, um an Futter zu kommen.

Aaskrähe

Aaskrähe

- 45–47 cm
- ganzjährig
- häufig
- Ackerland, Wälder, Parks, Gärten, Städte und Ortschaften
- tiefes, krächzendes „kraaa-kraaa"
- Aas, Jungvögel, kleine Säugetiere, Eier, Insekten, Würmer, Körner, Samen, Früchte, Schalentiere

Saatkrähe

Die Saatkrähe ist etwas kleiner als die Aaskrähe und der Schnabelansatz ist grau und nackt. Sie hat auch bauschige „Federhosen" an ihren Beinen. Saatkrähen treten in großen, lauten Schwärmen auf, vor allem auf Feldern und Äckern. Sie brüten in großen Kolonien in den Baumwipfeln.

Saatkrähe

- 44–46 cm
- ganzjährig
- häufig
- Ackerland, Wälder
- knirschender, krächzender Ruf
- Würmer, Körner, Nüsse, Käfer, Raupen, Vögel, Eier, Aas

Saatkrähe

Dohle

Die Dohle ist ein kleiner schwarzer Rabenvogel mit silbrigem Kopf. Achte auf ihre hellgrauen Augen und wie sie aufrecht dasteht. Dohlen machen viel Lärm und du siehst sie oft zusammen mit Saatkrähen auf Feldern oder in Parks. Ihr Schnabel ist kürzer als bei anderen Rabenvögeln.

Dohlen verständigen sich durch verschiedene Körperhaltungen und Rufe.

Dohle

Dohle

- 33–34 cm
- ganzjährig
- häufig
- Ackerland, Wälder, Städte
- scharfes „jack-jack" und höheres „kjä"
- Insekten, Körner, Samen, Früchte, Beeren, Eier, Jungvögel, Abfall

Kolkrabe

Der Kolkrabe ist der größte Rabenvogel der Welt. Er ist ganz schwarz mit langen Flügeln und einem riesigen, kräftigen Schnabel. Achte auf seinen keilförmigen Schwanz. Raben brüten normalerweise auf Klippen. Sie sind wahre Flugkünstler und können auf dem Rücken fliegen.

Kolkrabe

- 64 cm
- ganzjährig
- Klippen, Berge, Moorgebiete
- tiefes, krächzendes „kronk-kronk"
- Aas, Säugetiere, Vögel, Eier, Insekten

Manchmal übernehmen Wanderfalken ein altes Rabennest.

Kolkrabe

Star

Das Gefieder des Stars ist schillernd grün-violett und hat im Winter viele weiße Tupfen. Schau, wie Stare am Boden herumwatscheln oder sich lautstark um das Futter streiten. In der Abenddämmerung kannst du gewaltige Schwärme beobachten, die zusammen zu ihrem Schlafplatz fliegen.

Star

- 21,5 cm
- ganzjährig
- häufig
- Gärten, Parks, Ackerland, Städte und Ortschaften, Müllhalden, Strände
- vielschichtiger Gesang mit knarrenden und pfeifenden Tönen, macht die Rufe anderer Vögel nach
- Insekten und ihre Larven, Würmer, Spinnen, Beeren, Früchte

Achte auf seinen spitzen Schnabel und den kurzen Schwanz.

Stare können die Gesänge anderer Vögel nachmachen und sogar Klingeltöne oder Alarmanlagen!

Haussperling

Der Haussperling oder Spatz ist einer unserer häufigsten Vögel. Das Männchen hat eine graue Kappe, einen schwarzen Brustlatz und ein braunschwarzes Rückengefieder. Das Weibchen ist unscheinbarer gefärbt. Haussperlinge leben gern in der Nähe von Menschen.

Die Zahl der Haussperlinge nimmt ab und die Forscher versuchen herauszufinden, warum das so ist.

Haussperlinge können von April bis August und selten sogar das ganze Jahr über brüten. Es stört sie nicht, wenn ihre Nester ganz nah beieinanderliegen.

Haussperling

- 14–15 cm
- ganzjährig
- häufig
- Städte und Ortschaften, Gärten, Parks, Ackerland
- Zwitschern und Tschilpen
- Samen, menschliche Essensreste, grüne Blattläuse, Raupen

Buchfink

Der Buchfink ist ein kleiner, prächtig bunt gefärbter Vogel. Das Männchen ist rosarot mit einer blaugrauen Kappe, einem rostroten Rücken, schwarz-weißen Flügeln und einem grünen Bürzel. Das Weibchen ist blasser rostbraun und hat keine blaugraue Kappe. Buchfinken picken oft Samen auf, die um das Futterhaus verstreut liegen.

Der Gesang des Buchfinks klingt in jedem Land anders.

Buchfink-Weibchen

Obwohl er bunt ist, ist er dank seines Musters beim Fressen am Boden gut getarnt.

Buchfink-Männchen

Buchfink

- 14,5 cm
- ganzjährig
- häufig
- Gärten, Parks, Wälder, Ackerland
- lauter „pink-pink"-Ruf und schmetternder Gesang
- Samen, Insekten, Raupen

Grünfink

Der Grünfink ist rundlich mit dickem Kopf und kräftigem Schnabel. Das Männchen ist grün mit ein paar leuchtend gelben Federn an Flügeln und Schwanz. Das Weibchen ist eher braun, hat aber auch die gelben Federn. Grünfinken lieben Erdnüsse und Sonnenblumensamen, die sie mit ihrem dicken Schnabel knacken.

Grünfink

- 15 cm
- ganzjährig
- häufig
- Gärten, Parks, Wälder, Ackerland
- klingelnder Gesang
- Samen

Achte beim fliegenden Grünfink auf die gelben Federn an Flügeln und Schwanz und den gegabelten Schwanz.

Hänfling

Der Hänfling ist ein lebhafter Fink, der schnattert und zwitschert. Das Männchen hat einen grauen Kopf sowie eine rosenrote Stirn und Brust. Hänflinge leben auf Ackerland und in Moorgebieten.

Gimpel

Der Gimpel ist ein großer, farbenfroher Fink. Das Männchen ist überwiegend leuchtend rosarot, das Weibchen ist matter braunrosa gefärbt. Beide haben eine schwarze Kappe und einen grünen Rücken. Gimpel haben einen dicken, kräftigen Schnabel.

Goldammer

Die Goldammer ist eine Ammer, die auf offenem Ackerland lebt. Das Männchen hat einen gelben Kopf, einen braun gestreiften Rücken und eine gelb gestreifte Brust. Sie singt ihr Lied oft von Büschen oder Hecken herunter.

Birkenzeisig

Der Birkenzeisig hat eine rote Stirn, einen gestreiften Rücken und einen helleren gestreiften Bauch. Er ist ein Wintergast und lebt gern da, wo Birken wachsen, daher auch sein Name.

Rohrammer

Die Rohrammer lebt im Schilf und in Feuchtgebieten. Das Männchen hat einen schwarzen Kopf und eine schwarze Kehle, einen braun gestreiften Rücken und ein weißes Halsband. Rohrammern schließen sich im Winter Finken- und Pieperschwärmen an.

Fichtenkreuzschnabel

Dieser große Fink hat seinen Namen von den überkreuzten Schnabelspitzen – ein prima Werkzeug, um Baumzapfen zu öffnen und die Samen herauszuholen. Das Männchen ist rot und das Weibchen graugrün.

Stieglitz

Der Stieglitz ist ein kleiner, sehr bunter Fink. Er hat ein rot-weiß-schwarzes Gesicht und ein gelbes Flügelband. Er liebt Distelsamen und heißt deshalb auch Distelfink. Manchmal kannst du einen Trupp Stieglitze sehen, die auf einer Distelgruppe sitzen und die Samen mit ihrem spitzen Schnabel herauspicken. Schau ihnen bei ihrem tanzenden Flug zu und höre auf ihre klimpernden Rufe.

Stieglitz

Stieglitze schmücken ihr Nest manchmal mit Blumen.

Stieglitz

- 12–13 cm
- ganzjährig
- häufig
- Gärten, Ackerland, Brachland
- einfacher „ti-ke-lit"-Ruf im Flug, langer zwitschernder Gesang
- hauptsächlich Samen, auch Insekten

Erlenzeisig

Der Erlenzeisig ähnelt mit dem grünen Rücken und den schwarz-gelben Flügeln etwas dem Grünfink, ist aber kleiner, hat ein gelbes Gesicht und einen gestreiften Bauch. Das Männchen hat eine schwarze Kappe. Manchmal kommt der Erlenzeisig zum Futterhäuschen, wo er dann kopfüber hängt. Er kann sich an sehr dünne Zweige hängen, um an Futter heranzukommen.

Erlenzeisige kannst du das ganze Jahr beobachten, aber im Winter kommen noch viel mehr zu uns.

Erlenzeisig

- 12 cm
- ganzjährig
- Wälder, Parks, Gärten
- zwitschernder Gesang
- hauptsächlich Samen, auch Insekten

Erlenzeisig-Männchen

Schütze die Natur!

Im Garten

Vielleicht hat deine Familie oder deine Schule einen Garten, in dem du etwas ausprobieren kannst? Selbst das kleinste Stück Grün kann schon ein wertvoller Rückzugsort für freilebende Tiere und Pflanzen sein! Und wenn wir uns die vielen Millionen Gärten in einem einzigen Land anschauen, dann kommt eine riesige Fläche zusammen, wo das Leben brummen, summen, wachsen und krabbeln kann.

Um aus einem Garten ein gutes Habitat für die Naturbewohner zu machen, musst du dafür sorgen, dass sie dort Nahrung, Wasser, Versteckmöglichkeiten und Nistplätze finden.

In einem naturnahen Garten sollten keine chemischen Pflanzenschutz- und Düngemittel zum Einsatz kommen.

Blumennahrung

Süßer Nektar ist die Lieblingsspeise vieler Insekten, darunter Bienen, Schmetterlinge und Schwebfliegen. Versuche Blumen anzupflanzen, die viel Nektar haben.

Nektarquellen

Krokus, Günsel, Sonnenhut, Lavendel, Majoran, Eisenkraut, Knopfblume, Bergaster, Sonnenblume, Studentenblume, Rose

Sei nicht so ordentlich!

Die Natur mag es nicht, wenn es zu ordentlich zugeht! Richte eine Ecke ein, wo Brennnesseln, Efeu und Brombeersträucher ungestört wachsen können. Damit lädst du viele Arten von Insekten, Vögeln und anderen Tieren in deinen Garten ein.

Ein Insektenhotel gibt vielen Tieren ein Zuhause.

Hebe einen dicken Ast an und zähle nach, wie viele Kriech- und Krabbeltiere du darunter findest. Lege den Ast vorsichtig an seinen Platz zurück.

Krabbeltiere willkommen!

Staple in einer ruhigen Ecke tote Äste und Zweige auf. Dieser Haufen wird Regenwürmer, Asseln, Tausendfüßler, Ameisen und einige Käferarten anziehen, die sich von morschem Holz ernähren. Danach kommen andere Käfer, Spinnen, Ohrwürmer und größere Tiere wie Kröten, Mäuse und Vögel vorbei, weil es dort so schön viel krabbelnde Nahrung gibt!

Beobachte die Säugetiere

Eichhörnchen sind ziemlich einfach zu beobachten, weil sie am Tag herumspringen und nicht besonders scheu sind. Es gibt natürlich viele Säugetiere, die du wahrscheinlich nicht sehen wirst, weil sie entweder zu ängstlich, zu klein oder in der Nacht aktiv sind. Aber wer weiß, vielleicht siehst du einmal sogar einen Fuchs oder einen Igel?

Wanderwege für Igel

Es gibt viele Gründe für den Rückgang der Igel, einer davon sind Gartenzäune! Die kleinen Stacheltiere lieben es zu wandern, bis zu 3 Kilometer in einer Nacht, und Zäune stehen dabei sehr im Weg. Es wäre großartig, wenn deine Eltern dafür sorgen würden, igelgroße Öffnungen im Zaun zu machen, damit die Tiere kommen und gehen können, wie es ihnen passt. Wenn auch deine Nachbarn bei dieser Aktion mitmachen, entstehen richtige Igel-Wanderwege.

Igel können schwimmen, kommen aus einem Gartenteich aber nur schwer wieder heraus. Wenn du einen Teich hast, sorge für flache Uferkanten oder lege einen Ast als Leiter hinein.

Wunderbare Wasserwelt

Im Teich kannst du das ganze Jahr über eine Menge interessanter Tiere beobachten. Halte Ausschau nach Fröschen, Froschlaich und Kaulquappen, beobachte große und kleine Libellen über dem Wasser, und finde heraus, welche Insekten und Minitiere im Teich selbst leben.

Was kannst du unternehmen?

Waldspaziergang

Wälder beherbergen viele Tier- und Pflanzenarten. Es ist spannend, wie sich der Wald im Jahreslauf verändert! Wie viele verschiedene Baumarten kannst du erkennen? Schaue dir dazu vor allem die Blätter an. Genieße den Anblick der Wildblumen, die im Frühjahr in großen Teppichen den Waldboden bedecken, und erkunde aus nächster Nähe, wer auf dem Boden herumwuselt. Bestimmt triffst du auch auf Vögel.

Frage deine Eltern, bevor du dich auf Expedition in den Wald begibst. Ein Erwachsener sollte dich begleiten!

Fährtenlesen

Finde heraus, wer im Wald tierische Spuren hinterlassen hat! Am besten geht das, wenn es vorher geregnet hat und der Boden noch weich ist, oder wenn Schnee liegt. Hier siehst du Abdrücke von Tierpfoten, die dir begegnen könnten …

Es gibt natürlich auch andere Spuren, die dir verraten, dass Wildtiere in der Nähe waren. Da ist zum Beispiel die von Kaninchen, Eichhörnchen oder Rehen abgenagte Baumrinde, oder da sind Haare aus dem Fell eines Dachses, die an einem Zaun hängen geblieben sind, oder Hasenköttel auf der Wiese …

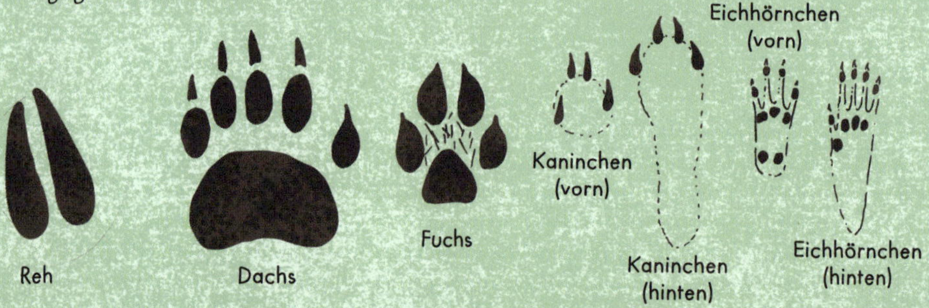

Ganz nah dran

Wenn du ganz nah an kleine Minitiere herankommen und sie betrachten willst, kannst du eine spezielle Käferbox zum Einfangen und Untersuchen von Insekten verwenden. Im Deckel der Box befindet sich ein Vergrößerungsglas. Fange vorsichtig ein kleines Insekt im Behälter – ohne es zu berühren – und schaue durch den Lupendeckel, um es vergrößert zu sehen.

Im Teich keschern

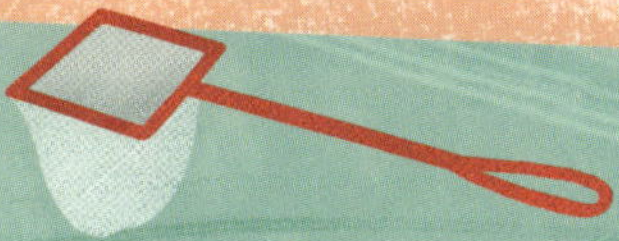

Du brauchst einen Kescher, einen tiefen Behälter, in dem du Tiere beobachten kannst, einen Naturführer wie diesen hier und ein Notizbuch, in das du deine Entdeckungen einträgst. Bitte einen Erwachsenen, den Behälter mit Teichwasser zu füllen. Ziehe dann den Kescher ganz vorsichtig durch den Teich und leere den Inhalt in den Behälter. Jetzt kannst du die darin gefangenen Tiere untersuchen. Schütte den Inhalt anschließend sachte wieder in den Teich.

Bitte einen Erwachsenen, den Kescher zu Hause mit heißem Wasser zu spülen, damit du beim nächsten Mal keine Tiere unbeabsichtigt umsiedelst.

Ein Ausflug ans Meer

Erforsche einen Gezeitentümpel! Diese Felsbecken sind eine Welt für sich. Halte darin nach Seepocken, Napfschnecken und Algen Ausschau, die sich an die Felsen heften, und entdecke Schnecken und Kleintiere zwischen den Algenblättern. Vielleicht siehst du Seeanemonen, Garnelen, Seesterne, Krabben und Fische. Aber sei vorsichtig auf den glitschigen Felsen!

Engagiere dich!

Es gibt viele Vereine und Gemeinschaften, in denen deine Liebe zur Natur geteilt wird und in denen du mitarbeiten kannst. Bitte deine ganze Familie, sich für den Schutz der Natur aktiv einzusetzen.

Dinge, die man zu mehreren machen kann:

- Bäume pflanzen
- Strände sauber machen
- Vogelhäuschen, Fledermauskästen und Igelwohnungen bauen und anbringen
- Herumliegenden Müll aufsammeln
- Wildblumen aussäen

Einige Umweltorganisationen

Naturschutzjugend (NAJU)
www.naju.de
Greenpeace
www.kids.greenpeace.de bzw.
www.kinder.greenpeace.at
BUND für Umwelt und Naturschutz
www.bundjugend.de

Young Panda von WWF
www.young-panda.de
WWF Schweiz
www.wwf.ch
Pro Natura
pronatura.ch
Birdlife
www.birdlife.at bzw.
www.birdlife.ch

Beobachten und notieren

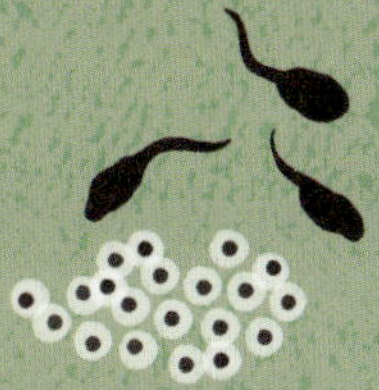

Halte in deinem Naturjournal fest, was du gefunden hast. Schreib in einem Heft auf, welche Tiere oder Pflanzen du gesehen hast. Notiere dazu das Datum, die Uhrzeit und was das Tier gerade gemacht hat. Eine Skizze oder ein Foto machen dein Journal lebendig.

Blätter sammeln

Sammle im Herbst Blätter, die besonders schön und bunt leuchten. Lege je ein Blatt zwischen zwei Bögen Küchenpapier. Auf deinen Stapel mit den Blättern musst du jetzt etwas Schweres legen. Am besten eignet sich ein Stapel Bücher. Das unterste Buch sollte etwas breiter sein als die Blätter, die du pressen willst.

Nach ein paar Tagen kannst du die gepressten und getrockneten Blätter aus der Presse nehmen und anschließend in dein Journal einkleben.

HILF DEN VÖGELN

Im Garten

Lade Vögel in deinen Garten oder an einen anderen Platz im Freien ein. Um für die Vögel einen guten Lebensraum zu schaffen, musst du dafür sorgen, dass sie immer Nahrung, Wasser, Unterschlupf und Nistmöglichkeiten haben.

Nahrung

Vogelfutter kannst du in ein Futterhäuschen oder in eine Futterröhre füllen, die du in Büsche oder Bäume hängst. Es gibt sogar Futterspender, die man am Fenster befestigen kann. Deine Futterplätze sollten sicher vor Katzen sein.

Du kannst Vögel auch anlocken, indem du Pflanzen anbaust, die Insekten anziehen, die die Vögel gern fressen. Oder du baust Pflanzen wie Sonnenblumen oder Mohn an, deren Samen die Vögel mögen. Und lass an einer Stelle im Garten Unkraut wachsen wie Nesseln und Disteln.

Das lieben Vögel:

Mohnsamen, Hagebutten, Beeren von Heckenkirschen, Sonnenblumensamen, Skabiosen, Efeubeeren, Kardensamen, Weißdorn- und Stechpalmenbeeren, Weißbirkensamen, Vogel- und Holunderbeeren

Nester

In Bäumen, Sträuchern, Hecken und sogar Schuppen können Vögel gut nisten. Du kannst Nistkästen aufhängen. Es gibt unterschiedliche Kästen für unterschiedliche Vögel, aber die häufigste Größe ist für Blaumeisen gerade richtig.

Es gibt verschiedenes Vogelfutter zu kaufen – zum Beispiel Samenmischungen, Futterknödel und Mehlwürmer.

Werde aktiv

Eine andere Art, dich für Vögel einzusetzen, ist, dich anderen Vogelfreunden anzuschließen. Es gibt viele Vereine, denen du beitreten kannst und wo du dein Hobby mit anderen teilen kannst. Vielleicht gibt es an deiner Schule oder in deiner Gemeinde einen Vogel-, Natur- oder Umweltschutzverein? Du kannst auch selbst einen gründen!

Naturschutz

Dich für den Schutz der Natur einzusetzen ist eine tolle Möglichkeit, etwas für Vögel zu tun: Pflanze Bäume, baue Insektenhotels oder hänge Nistkästen auf!

Stelle den Vögeln bei sehr kalten Temperaturen zweimal täglich frisches Futter und Wasser zur Verfügung. Halte das Futterhäuschen sauber, damit die Tiere nicht krank werden.

Wasser

Ein Vogelbad bietet sauberes Trinkwasser und die Möglichkeit, das Gefieder zu reinigen.

Du kannst die Vögel das ganze Jahr über füttern, aber im Sommer brauchen sie weniger und Fettfutter kann schlecht werden.

Bastle ein Vogelbuch

Die Vögel, die du siehst, in ein Buch einzutragen, ist spannend und macht viel Freude. Du brauchst dafür nur ein Notizbuch und einen Stift. Trage ein, wo du welchen Vogel gesehen hast, das Datum und die Uhrzeit, wie das Wetter war, was der Vogel gemacht hat und alles andere, was dir interessant erscheint. Wenn du kannst, zeichne ein Bild von dem Vogel oder fotografiere ihn. Du musst kein toller Künstler sein – auch eine grobe Skizze hilft dir, dich an die Begegnung zu erinnern.

Statt alles in ein Notizbuch einzutragen, kannst du die Vögel, die du siehst, auch im Bingospiel abhaken (siehe am Ende dieses Buches).

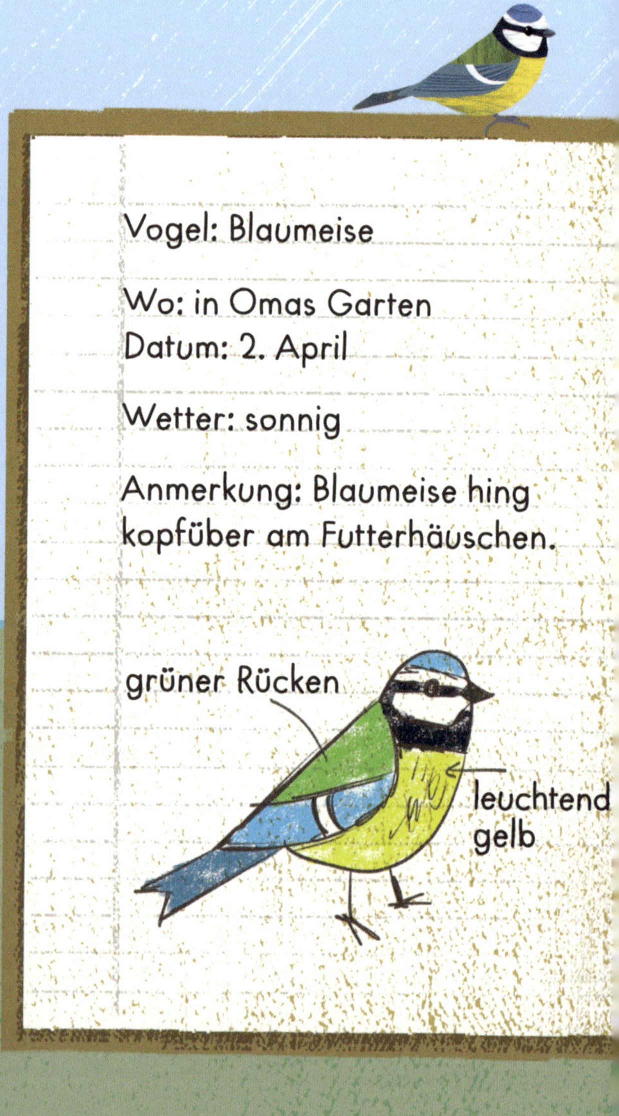

Fernglas

Ein Fernglas hilft dir dabei, die Vögel besser zu sehen. Gehe mit deinen Eltern in ein Geschäft, probiere ein paar Ferngläser aus und lass dich beraten, welches für dich am besten geeignet ist. Wichtig ist, dass das Fernglas leicht ist und eine gute Vergrößerung bietet.

Kameras

Für gute Fotos von Vögeln brauchst du Geduld und Geschick und manchmal eine Kamera mit starkem Zoom. Fotos mit einem Smartphone zu schießen macht aber auch viel Spaß. Auf dem Handy kannst du sogar den Gesang des Vogels aufnehmen.

Vogel: Rotkehlchen

Wo: im Park
Datum: 15. April

Wetter: bewölkt

Anmerkung: Rotkehlchen saß auf dem Zaun und lief unter Büschen.

Vogelparadies Gartenhecke

Alte Bäume und immergrüne Büsche machen einen Garten für Vögel attraktiv. Totholzstapel bieten Nahrung und Deckung zugleich. Bei unseren gefiederten Freunden ganz besonders beliebt sind Hecken. Sie bieten nicht nur Rückzugsmöglichkeiten und Nistplätze, die oft durch Dornen und Gestrüpp gut geschützt sind, sondern auch Beeren und Früchte. Am besten geeignet sind heimische Heckengewächse, wie Weißdorn, Heckenrosen oder Liguster.

Vogelfutter basteln:

Meisenknödel:

Du brauchst:

- *Körnerfutter für Vögel*
- *50 cm Strick*
- *Frischhaltefolie*
- *Tonblumentopf*
- *Pflanzenfett*

1. Kleide den Blumentopf mit der Frischhaltefolie aus. Mach unten, über dem Ablaufloch des Blumentopfs, ein Loch in die Folie. Durch dieses Loch ziehst du dann den Strick, bis unten noch etwa 10 cm heraushängen.

2. Lass das Fett bei Zimmertemperatur warm und weich werden, aber nicht zerlaufen. Gib es dann in kleinen Stücken in die Rührschüssel.

3. Gib das Körnerfutter dazu und vermische alles mit den Fingern. Knete, bis eine homogene, gut klebende Masse entsteht.

4. Fülle die Masse in den Blumentopf und stelle ihn für etwa eine Stunde in den Kühlschrank.

5. Ist die Masse fest geworden, kannst du die Folie und den Blumentopf entfernen und deinen Meisenknödel mithilfe des Stricks an einem Ast befestigen.

Hänge den Meisenknödel so auf, dass die Vögel sicher vor Katzen sind.

Nistkästen aufhängen

Einen Nistkasten kannst du kaufen oder selber bauen. Im Internet findest du viele Anleitungen. Befestige ihn mindestens in zwei Metern Höhe an einem Baum oder einer Wand. Das Loch sollte weder zur Wetterseite nach Westen, noch zur prallen Sonne nach Süden zeigen. Die Einflugbahn sollte nicht durch Äste verdeckt sein. Am besten hängst du den Nistkasten im Herbst oder Winter auf. Ziehen Vögel ein, lass die Nistkastenbewohner möglichst in Ruhe.

Teile deine Erkenntnisse

Deine Aufzeichnungen können anderen Vogelbeobachtern und Forschern helfen, das Verhalten der Vögel und ihre Anzahl zu untersuchen.

Pflege- und Auffangstationen

Es kann vorkommen, dass du bei deinen Expeditionen auf verletzte oder kranke Vögel stößt. Informiere dich rechtzeitig, wo es in deiner Nähe eine Pflege- und Auffangstation gibt und wie du sie erreichen kannst.
Im Notfall solltest du die Rettung der Vögel den Profis überlassen, da du sonst krank werden könntest.
Sollte dein Eingreifen doch mal vonnöten sein, dann denk daran, Handschuhe und möglichst auch einen Mundschutz zu tragen, um sowohl dich als auch deinen kleinen Patienten zu schützen.

Wenn sich die verletzten Vögel erholt haben, werden sie anschließend wieder in die freie Natur entlassen.

Vogelschutzgebiete

Vielerorts sind in den letzten Jahrzehnten alte Baumbestände, Hecken, Fallobstwiesen und Totholz verschwunden. In Vogelschutzgebieten hingegen werden Natur und Landschaft so gepflegt, dass sich die wild lebenden Vögel darin besonders wohlfühlen.

Wichtige Schutzgebiete für Vögel

Wattenmeer
Greifswalder Bodden
Altfriedländer Teich- und Seengebiet
Untersee des Bodensees
Ibmer Moor
Untere Gurk und Möchlinger Au
Neusiedler See – Seewinkel
Ermatinger Ried
Klingnauer Stausee

Viel zu entdecken

In Deutschland, Österreich und der Schweiz gibt es natürlich noch viel mehr Natur- und Vogelschutzgebiete, die du mit deinen Eltern besuchen und wo du seltene Vögel beobachten kannst.

Wortbedeutungen

Aas tote Tiere, die von anderen gefressen werden.

Abdomen der Hinterleib eines Insekts

Abenddämmerung die Zeit am Abend, wenn es langsam dunkel wird.

Antennen ein anderes Wort für Fühler. Insekten und manche anderen wirbellosen Tiere benutzen ihre Antennen, um damit zu fühlen, zu riechen und zu schmecken.

Art eine bestimmte Gruppe von Tieren oder Pflanzen. Hirschkäfer und Nashornkäfer sind zum Beispiel zwei Käferarten.

Augenfleck eine augenähnliche Zeichnung auf dem Körper eines Tieres

Ausgestorben wenn es eine Tierart oder eine Pflanzenart, die früher gelebt hat, heute nicht mehr gibt.

Bestäuben Pollen oder Blütenstaub von einer Pflanze zu einer anderen bringen, damit sie Früchte ausbilden kann. Manche Pflanzen lassen ihre Pollen vom Wind weitertragen, oft sind aber auch Tiere als Bestäuber notwendig. Insekten wie die Honigbiene sind wichtige Bestäuber.

Echoortung wenn ein Tier sich beim Fliegen mithilfe sehr hoher Töne orientiert oder

jagt. Die Töne werden von Gegenständen aber auch von Beutetieren als Echo zurückgeworfen und verraten dem Absender, wie seine Umgebung aussieht und wo es etwas Leckeres zu futtern gibt. Fledermäuse orientieren sich und jagen mit Echoortung.

Federhaube auch Schopf; Federn, die auf dem Kopf des Vogels hochstehen.

Filtern wie mit einem Sieb winzige Dinge von der Wasseroberfläche aufnehmen.

Flanke die Seite eines Tieres

Gefieder die Federn des Vogels oder seine Farben und Zeichnungen

Gelappt durch tiefe Einschnitte geteilt (bei Blättern)

Gezeitentümpel Lebensraum zwischen den Felsen an der Küste, der nicht ständig unter Wasser ist und von Flut, Spritzwasser oder Regen gespeist wird.

Giftig sehr schädlich oder sogar tödlich

Habitat der Lebensraum einer bestimmten Pflanze oder eines bestimmten Tieres

Haustiere zahme und nicht in Freiheit lebende Tiere, die bei Menschen wohnen. Dazu gehören Nutztiere und Tiere, die zu Hause gehalten werden können, z. B. Kühe, Meerschweinchen oder Hauskatzen.

Kehllappen ein Stück helle, fleischige Haut unter dem Gesicht des Vogels

Kiemen die Körperteile, die von manchen unter Wasser lebenden Tieren zur Atmung benutzt werden.

Knospe ein Blatt oder eine Blüte vor ihrer Öffnung

Kolonie eine große Anzahl von Lebewesen der gleichen Art, die zusammen leben. Bis zu zwei Millionen Rote Waldameisen leben beispielsweise in einem Ameisenhügel.

Küken Babyvogel, der bereits geschlüpft ist.

Larve der Nachwuchs eines Insekts. Raupe, Made und Engerling sind einige der Namen für Larven bestimmter Insektenarten.

Lebensraum der Ort, an dem eine bestimmte Tierart lebt (siehe auch Habitat). Tiere sind an ihren jeweiligen Lebensraum angepasst. So haben Wasservögel z. B. Schwimmhäute zwischen den Zehen, um im Wasser besser voranzukommen.

Legeröhre Körperteil bei manchen Insekten, durch den das Tier Eier ablegt.

Mauser die alten, verbrauchten Federn verlieren und neue bekommen. Vögel mausern sich regelmäßig.

Metamorphose wenn ein Lebewesen im Verlauf seines Lebens verschiedene Formen annimmt. Kaulquappen, die zu Fröschen werden, und Raupen, die zu Schmetterlingen werden, durchleben zum Bespiel eine Metamorphose.

Migration wenn ein Tier regelmäßig oder zu bestimmten Jahreszeiten von einem Teil der Welt in einen anderen wandert, fliegt oder schwimmt, meistens um ein besseres Nahrungsangebot oder den richtigen Platz für seinen Nachwuchs zu finden.

Moorgebiet ein Lebensraum mit Heidepflanzen, feuchtem, wackeligem und

sumpfigem Boden und sehr wenigen Bäumen

Nadelbaum ein Baum mit Zapfen (harten, schuppigen Früchten), der Nadeln trägt statt Blätter.

Nagetier eine Gruppe von Säugetieren, zu denen etwa Mäuse, Ratten, Hamster und Eichhörnchen gehören.

Nährstoffe Stoffe, die Tiere und Pflanzen brauchen, um zu wachsen und gesund zu bleiben.

Naturschutz Umwelt und Wildtiere schützen, ihre Lebensräume erhalten und sich um sie kümmern. Ein Naturschutzgebiet ist ein begrenzter Raum, wo Pflanzen und Tiere besonders geschützt werden.

Navigator eigentlich ein Mensch, der auf Reisen etwa mit dem Schiff die Route festlegt. Ein Tier, das als guter Navigator bezeichnet wird, kann sich gut orientieren und findet immer seinen Weg.

Nektar eine süßliche Flüssigkeit, die von Blumen produziert und von vielen Tieren gesammelt wird.

Nymphe die Larve einer Libelle

Paarung wenn ein weibliches und ein männliches Tier zusammenkommen, um Nachwuchs zu zeugen.

Pollen Blütenstaub; eine von Blumen produzierte, mehlartige Substanz.

Raubtier ein Tier, das andere Tiere jagt und frisst, auch Fressfeind.

Revier das Gebiet, das ein Tier für sein eigenes hält und gegen andere verteidigt.

Rütteln mit schnellem Flügelschlag auf der Stelle fliegen, ohne sich vorwärts oder rückwärts zu bewegen.

Schwarm eine große Gruppe Vögel

Segment Teilabschnitt eines Körpers

Spannweite die Entfernung von der Spitze eines Flügels bis

zur Spitze des anderen Flügels

Stadium ein Abschnitt in einer Entwicklung, zum Beispiel im Leben eines Schmetterlings

Staubblatt fadenähnlicher Teil einer Blüte, die Pollen produziert.

Stromlinienförmig wenn ein Tier so geformt ist, dass es sich mit Leichtigkeit durch Luft oder Wasser bewegen kann.

Tentakel langer, dünner Körperteil, der bei Tieren wie Quallen oder Seeanemonen nach außen ragt. Tentakel werden von den Tieren zum Fühlen und Greifen benutzt.

Thorax der mittlere Teil eines Insektenkörpers, Brust

Umwelt Sie besteht aus Luft, Erde, Boden und allen lebenden und nicht lebenden Dingen um uns herum.

Vegetation ein anderes Wort für Pflanzen

Vogelzug wenn Vögel jedes Jahr von einem Erdteil zu einem anderen ziehen, meist um Nahrung oder einen Brutplatz zu finden. Der Vogelzug ist eine Form der Migration (s.o.).

Werbung besonderes Verhalten von Vögeln, wenn sie auf Partnersuche sind.

Wirbellose große Gruppe von Tieren. Dazu gehören Insekten, Spinnen, Würmer, Schnecken, Nacktschnecken und viele andere.

WILDTIER- UND PFLANZEN-BINGO

Kreuze auf diesen Seiten an, was du bereits beobachten konntest:

- [ ] Aal 45
- [ ] Aaskrähe 218
- [ ] Admiral 54
- [ ] Amsel 198
- [ ] Atlantiksturmtaucher 132
- [ ] Aurorafalter 52
- [ ] Austernfischer 158
- [ ] Bachforelle 45
- [ ] Bachstelze 190
- [ ] Bänderschnecke 78
- [ ] Bärlauch 101
- [ ] Basstölpel 130
- [ ] Baumfalke 148
- [ ] Baummarder 33
- [ ] Bekassine 165
- [ ] Bergahorn 94
- [ ] Birkenporling 113
- [ ] Birkenzeisig 225
- [ ] Blasentang 112
- [ ] Blaue Schmeißfliege 66
- [ ] Blaumeise 210
- [ ] Blesshuhn 157
- [ ] Blindschleiche 43
- [ ] Brandgans 144
- [ ] Brandseeschwalbe 169
- [ ] Brauner Grashüpfer 60
- [ ] Brauner Waldvogel 57
- [ ] Braunes Langohr 35
- [ ] Brennnessel 111
- [ ] Buchfink 222
- [ ] Bunter Grashüpfer 60
- [ ] Buntspecht 181
- [ ] Buschwindröschen 99
- [ ] Butterfisch 46
- [ ] C-Falter 55
- [ ] Dachs 20
- [ ] Damhirsch 23
- [ ] Distelfalter 55
- [ ] Dohle 219
- [ ] Dorngrasmücke 206
- [ ] Dreizehenmöwe 170
- [ ] Dunkle Erdhummel 65
- [ ] Eberesche 93
- [ ] Eibe 97
- [ ] Eiche 90
- [ ] Eichelhäher 216
- [ ] Eichhörnchen 28
- [ ] Eiderente 132

- [ ] Tannenmeise 212
- [ ] Taschenkrebs 85
- [ ] Taumelkäfer 72
- [ ] Tausendfüßer 77
- [ ] Teichhuhn 156
- [ ] Teichmolch 41
- [ ] Teichrohrsänger 205
- [ ] Tordalk 171
- [ ] Trauerschnäpper 209
- [ ] Trottellumme 171
- [ ] Türkentaube 176
- [ ] Turmfalke 148
- [ ] Turteltaube 176
- [ ] Uferschwalbe 187
- [ ] Vergissmeinnicht 107
- [ ] Vogelkirsche 92
- [ ] Wacholderdrossel 201
- [ ] Waldbaumläufer 215
- [ ] Waldbrettspiel 56
- [ ] Waldeidechse 43
- [ ] Waldkauz 179
- [ ] Waldmaus 30
- [ ] Waldschnepfe 161
- [ ] Waldspitzmaus 30
- [ ] Wanderfalke 149
- [ ] Wanderratte 31
- [ ] Wasseramsel 193
- [ ] Wasserläufer 72
- [ ] Wasserspinne 73
- [ ] Wasserspitzmaus 31
- [ ] Weide 93
- [ ] Weidenmeise 213
- [ ] Weinbergschnecke 78
- [ ] Weißbirke 88
- [ ] Weißdorn 92
- [ ] Weißklee 102
- [ ] Wespe 63
- [ ] Wiedehopf 202
- [ ] Wiesenkerbel 107
- [ ] Wiesenklee 103
- [ ] Wiesenmargerite 106
- [ ] Wiesenpieper 189
- [ ] Wiesenwitwenblume 105
- [ ] Wilde Malve 111
- [ ] Wintergoldhähnchen 207
- [ ] Wurmfarn 112
- [ ] Zauneidechse 43
- [ ] Zaunkönig 197
- [ ] Zebraspringspinne 75
- [ ] Zilpzalp 207
- [ ] Zweipunkt-Marienkäfer 69

MIX
Paper from responsible sources
FSC® C020056

Impressum

5 4 3 2

Postfach 2460
D-88194 Ravensburg

Übersetzung: Angelika Lenz, Karin Ehrhardt
Satz und technische Umsetzung: Sabine Dohme
ISBN 978-3-473-48053-1

ravensburger.com

Titel der Originalausgaben:
RSPB Nature Guide: Wildlife
RSPB Nature Guide: Birds